Hvad er et kunstmuseum i dag?

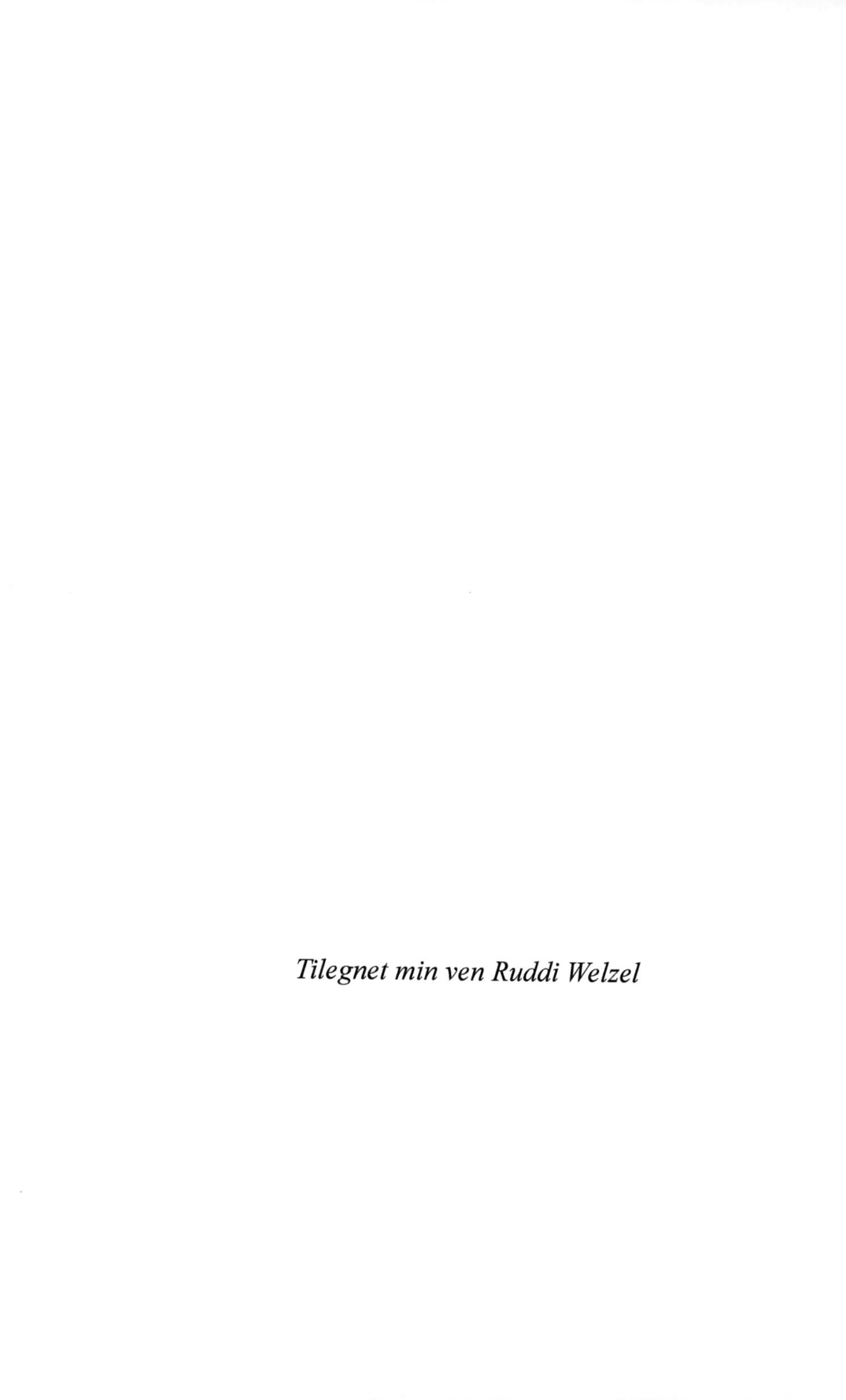

Tilegnet min ven Ruddi Welzel

Poul Ferland

HVAD ER ET KUNSTMUSEUM I DAG?

ET ESSAY OM KUNSTMUSEETS FILOSOFI

Af samme forfatter:

Kritik af magten. Om Theodor W. Adorno og Frankfurterskolen, Aalborg 1984

Det identiskes ophævelse i Adornos negative dialektik (disputats), Aarhus 2002

Skiftespor. Essays, København 2005

Lysglimt. Essays, København 2006

Karl Kraus. Kultur, samfund, kritik, København 2008

Oplyst sport. Filosofiske refleksioner, København 2010

Rundt om Aalborg Symfoniorkester, København 2011

TEKNOLOGIKRITIK i det 20. århundrede især, Hobro 2013

Forfatterens mail-adresse: poulferland8@gmail.com
Forlag: BoD – Books on Demand, København, Danmark
Fremstilling: BoD – Books on Demand GmbH – Norderstedt, Tyskland
ISBN: 978-87-7170-237-8

"Det er et godt billede, nu mangler der bare en lille fejl, så er det helt perfekt"[i]

INDHOLD

FORORD

Dette essay er blevet til under min tilknytning til Esbjerg Kunstmuseum i perioden maj 2013-marts 2015. Det var et ønske fra museets side, at jeg lavede *en undersøgelse af institutionen museum*, hvilket jeg kunne tilslutte mig som en spændende og relevant idé. Resultatet af undersøgelsen er blevet den foreliggende filosofiske analyse af især det moderne fænomen kunstmuseum, særligt set i en dansk kontekst, med henblik på fremstillingen af dettes begreb. Det er mit håb, at ikke blot Esbjerg Kunstmuseum, men også andre museer og museumsinteresserede – nok ikke mindst lærere og studerende i museologi, kunst- og erkendelsesfag – kan finde inspiration i nærværende skrift, der turde være af mere almen interesse og ikke blot af interesse for Esbjerg Kunstmuseum.

En stor tak til museets personale – ingen nævnt, alle husket – for jeres generøsitet, store venlighed og assistance, når den var ønsket. Det har udelukkende været en berigende fornøjelse at være på museet sammen med jer. Nævnes skal også med tak, at den daglige færden blandt museets udstillede og magasinerede værker og i dets pædagogiske områder, samt sporadisk snak og samvær på museet med udstillende kunstnere og til museet knyttede forskere har givet inspiration til den her foreliggende fremstilling.

Det skrevne skyldes kun denne forfatter.

Esbjerg, juni 2015

Poul Ferland

INDLEDNING

Kunstmuseet som institution hører til den slags urørlige institutioner, som blot ligger der, vel i reglen uden nogen dyberegående drøftelse i offentligheden af dets formål. Man kan gå på kunstmuseum, eller man kan lade være, det er der alligevel og vil under alle omstændigheder være der, sådan forekommer det. Nærmest i lighed med Folketinget, Grundloven, kongehuset og den danske stat findes institutionen kunstmuseum der øjensynlig bare – nu om stunder som resultanten af en flerhed af interesser, der kan inkludere politiske og økonomiske såvel som kunstfaglige interesser. Men hvad *et kunstmuseums begreb* er, altså hvad kunstmuseet og dets berettigelse grundlæggende er, spørges der sjældent om, det spørgsmål synes nærmest at befinde sig i en tabuiseret zone.

Derfor kunne det velsagtens betragtes som en anmasselse, når dette skrift tilsyneladende prætenderer at ville sætte den aktuelle kunstmuseumsinstitution på kritisk begreb, hvor åbent dette begreb end måtte vise sig at være. For dels hævder et genuint begreb altid, skønt det indbyder til selv at blive kritiseret, at noget er sandere end andet, at alle opfattelser altså ikke lader sig reducere til rent subjektiv mening, og dels går begrebet helt til grunden i sin undersøgelse og spørger bl.a. – in casu – om kunstmuseets berettigelse i dag. Ydermere, kunne man mene, anmasser skriftets forsøg på begrebsbestemmelse af kunsten – en bestemmelse, der er integreret i bestemmelsen af kunstmuseet – sig også i forhold til kunstneren og dennes intention; ikke den, men kunsten 'i sig selv' anses her for afgørende for begrebets vel at mærke historiserende bestemmelse. Men når det kommer til stykket, er forsøget på at sætte kunstmuseet på begreb dog ikke mere anmassende end det, at ingen kunstfaglig museumsansat eller i hvert fald -leder kan komme uden om at have et begreb, en filosofi om kunst og dermed om kunstmuseet, hvadenten man vil eller ej, hvadenten man er sig det bevidst eller ej. Alene af den grund må det anses for hensigtsmæssigt at gøre begrebet om kunstmuseet bevidst, sådan at man ved bedre, hvad man laver og hvorfor. Og det er desto mere hensigtsmæssigt, eftersom kunstmuseet ikke er udsprunget af evighedens kilder, men derimod i historien og faktisk kun har et par hundrede år på bagen i sin nuværende skikkelse; derfor er kunstmuseet henvist til at få gjort grundigt rede for sin aktuelle berettigelse, som det i modsat fald i sin praksis kan gå fejl af. Denne studie er altså et forsøg på at gøre et sådant begreb om kunstmuseet bevidst. Det begreb kan museumsfolk og andre tage stilling til, tage til sig eller forkaste eller lade sig inspirere af.

Nærværende skrift er, som titlen siger, et forsøg, et essay. Denne genrebetegnelse er ikke udtryk for falsk beskedenhed, men har derimod til hensigt at udtrykke en mere oprigtig beskedenhed af flere grunde. For det første er det i essayets sammenhæng centrale begreb kunst et 'sæbeagtigt', et temmelig uhåndterligt begreb – og det samme er begrebet kunstmuseum, som kunstbegrebet selvsagt smitter af på –, der hele tiden og objektivt begrundet glider en af hænde, uagtet man måtte være æstetikteoretiker, almen kunstteoretiker eller kunstteoretiker i relation til den ene eller den anden kunstart, eller man er museolog; kunstbegrebet er på det nærmeste bestemt ved i væsentlig grad, men dog ikke fuldstændigt, at være ubestemt.

Derfor kræver det betydelig indsats at bestemme kunst- og kunstmuseumsbegreberne samtidig med, at de holdes passende og tilstrækkeligt åbne. Dette er forsøgt i essayet. For det andet er denne forfatter ikke selv billedkunstfagkyndig eller museolog, men idéhistoriker og kulturteoretiker. Det besværliggør på forhånd en undersøgelse som den foreliggende, men kan måske også give nogle fordele. Det er mit håb, at fordelene i henseende til netop denne undersøgelses tema opvejer ulemperne. Og for det tredje skal det i denne sammenhæng nævnes, at kunstmuseets filosofi og for den sags skyld dets idéhistorie ikke just er udbredte forskningstemaer, og slet ikke i en dansk sammenhæng, hvilket har betydet, at nærværende studie vel må have status af at være en slags pionérarbejde.

Undersøgelsens første fire kapitler søger at fremstille kunstmuseets filosofi i almindelighed, men dog især i en dansk sammenhæng, mens det femte og sidste kapitel kort i form af et par bemærkninger ser på *Esbjerg Kunstmuseums Arbejdsplaner 2011-14* som et eksempel på et dansk museums planlagte praksis set i relation til den i denne studie fremstillede almene kunstmuseumsfilosofi.

I *Kapitel 1* søges det at lave en første indkredsning af billedkunsten og dens museum, bl.a. søges billedkunstens særlige forskel i forhold til andre kunstarter i her centrale henseender afdækket. Billedkunst forstås her primært som bærer af eller refererende til visuelt sansemæssig, altså en særlig form for æstetisk, erkendelse. Desuden ses den, via inddragelsen af ordet museums oprindelige betydning, som refererende til noget, der i en eller anden forstand kan kaldes guddommeligt eller, mere sekulært forstået, *det andet*, som ikke er det blot her og nu foreliggende, og som også kan kaldes *det næppe urealistiske utopiske*. Museets opgave ses i forlængelse heraf især som forskning i og formidling af og i relation til denne kunst. Når ordet museum belyses i kapitlet, har det ikke så meget til hensigt at erindre om institutionens historiske genesis som at erindre om et moment ved nutidens museum – og vel ikke mindst nutidens kunstmuseum –, der ikke er uden væsentlig betydning.

Kapitel 2 om museumsloven forekommer tydeligt nok at befæste en hovedtese i dette essay, nemlig at kunstmuseet har forskning i og formidling af billedkunstværkers[ii] aktuelle erkendelsesgehalt, ikke mindst deres æstetiske, som de utvivlsomt mest centrale formål.

Tredje kapitel, om kunstmuseets begreb, søger i første række at komme tæt på dette igennem at belyse delvis polære, delvis komplementære begrebspar, der turde have anselig relevans for kunstmuseets virke, i deres relation til begrebet om kunstmuseet – begrebspar så som historie og aktualitet, oplevelse og oplysning, deskriptivitet og normativitet, alvidenhed og interaktivitet, formidling og forskning, national og universel rolle samt registrering og eksperiment. Stadig i dette kapitel ses kunstens aktuelle erkendelsesvalør som pejlemærket par excellence for kunstmuseet.

Kapitel 4 belyser på basis af de foregående kapitler institutionen kunstmuseum i dens samfundsmæssige kontekst, således dens relation til eventuelle lokalpolitiske forventninger, til et eventuelt lovkrav angående kunstmuseernes arbejdsdeling og specialisering, til sponsorer, fonde og tilsvarende, samt til i denne sammenhæng vigtigere, social-mentale tendenser. Kapitlet søger især at kaste lys over kunstmuseumsinstitutionens aktuelle muligheder og mulige begrænsninger set i forhold til sådanne ydre, kontekstuelle faktorer.

Kapitel 5 sætter i enkelte bemærkninger fokus på *Esbjerg Kunstmuseum* i relation til den her fremstillede, almene filosofi om kunstmuseet, især ved at diskutere et par udvalgte punkter i museets *Arbejdsplaner 2011-14*.

Som eksemplarisk baggrundsmateriale for enkelte afsnit og passus i den almene del er anvendt – i øvrigt kun offentligt tilgængelige – dokumenter af og om Esbjerg Kunstmuseum.

Billedkunsten benytter sig af mangfoldige medier; for nemheds skyld, altså for ikke hver gang, der tales generelt om alle disse medier, at skulle nævne dem alle, bruges ordet billede imidlertid ofte i dette skrift som fællesbetegnelse for alle billedkunstens medier. Når dette ikke er tilfældet, fremgår det af det pågældende tekststed.

Det skal for alle tilfældes skyld nævnes, for at forebygge misforståelser, at det ikke tilkommer nogen, hverken denne forfatter eller andre, at bestemme, hvad publikum skal bruge museet og eventuelt museumsbesøg til. Ønsker en besøgende således at komme i bedre humør ved at betragte et bestemt værk, eller har et nyforelsket par aftalt stævnemøde på museet, fordi de finder, at det udgør en passende ramme for mødet, eller hvis man 'bare godt kan li' ' stemningen på museet og så videre i det næsten uendelige, så er det helt legitime grunde til museumsbesøget, som ingen tredjemand bør blande sig i. Hvad publikum vil bruge museet til, er publikums egen sag. Derimod er det næppe alle subjektive grunde til at besøge museet, der virkeligt kan legitimere museets eksistens. Nærværende tekst er et forsøg på at sige noget om de grunde, der kunne legitimere denne. Tilsvarende har forfatteren intet ønske om at påvirke nogen kunstner med det skrevne; han og hun må gå sine helt egne kunstneriske veje i fuld integritet, det tjener mennesker og kunsten bedst. Skulle nogen imidlertid finde nogen inspiration af den ene eller anden art i teksten, skal man selvsagt være velkommen.

KAPITEL 1

BEGREBET BILLEDKUNST OG ORDET MUSEUM: INITIALOVERVEJELSER

A. Om begrebet billedkunst

Begrebet billedkunst involverer de to centrale begreber billede og kunst. Men inden vi skrider til et forsøg på afklaring af disse begreber, skal den generelle bemærkning forudskikkes, at *begrebsafklaringer må være åbne og modtagelige for erfaringen, bl.a. af det historisk nye*. Derfor viger denne afhandling noget tilbage for at anvende begrebet definition (af det latinske *definire:* at afgrænse), der, som ordet siger, først og fremmest – hvis ikke udelukkende – har til formål at afgrænse begreber; i nærværende skrift er hensigten snarere primært og sagligt begrundet at åbne begrebernes betydningsfelt samtidig med, at der ønskes foretaget en adækvat bestemmelse af begreberne. Denne intention kan kaldes *dialektisk.* På forhånd skal det understreges, at bestemmelsen af billedkunstbegrebet i det følgende ikke foregiver at gengive et begreb, som alle billedkunstnere menes at kunne blive enige om, men derimod er denne forfatters forsøg på væsentligt at bestemme begrebet i kort, grænsende til programmatisk, form.

Et billede i almindelighed – og altså ikke blot billed*kunstværket* –, det være sig bevæget, ikke bevæget eller på anden måde i forandring, og det kan være to- eller tredimensionalt, viser, anskueliggør noget, der grundlæggende er visuelt, for *synssansen.* Hvad billedet eventuelt bevirker i forhold til andre sanser, er for dets billedlighed sekundært og i hvert fald i nogen grad tilfældigt – via følesansen kan man således måske få kuldegysninger, eller en varme kan omvendt brede sig på og i kroppen ved betragtningen af et billede; men følesansen har, som de øvrige tre sanser, ingen direkte relation til billedet. Når det er sagt, må det imidlertid også nævnes, at de, i relation til synsperceptionen af billedet, 'sekundære sanser' kan have anselig, indirekte betydning for oplevelsen, forståelsen og begribelsen af billedet; det i denne forstand 'sekundært sansede' kan således have betydning som noget, der kan reflekteres over i forbindelse med betragtningen af billedet. Og dermed er igen antydet, at begrebet om billedet må være åbent. Men det må emfatisk fastholdes, at alfa og omega i forbindelse med billedet er det, der kan ses; det sete er og bliver eksklusivt og til syvende og sidst referencen for enhver kundskab om og erkendelse i relation til et bestemt billede.

Man kan hertil spørge: Hvis billedet nu slet og ret er fremkaldt i den enkeltes forestilling som forestillingsbillede af noget indre, af tanker, drømme, ja måske af en høreoplevelse eller anden ikke-synsoplevelse, er det så ikke tanken, drømmen, høreoplevelsen mv., der er det primære i forhold til det fremkaldte billede og derfor det, som fx må analyseres, dersom man vil forstå det? Her må det atter gøres gældende, at det indre billede som sådant og som det så at sige fremtræder for en indre synssans eller en billedlig forestillingsevne, er det centrale for (det indre) billedes billedlighed og det, som i givet fald må analyseres for forståelsen og begribelsen af billedet. Sagt på en anden måde: *Ikke fx drømmen om billedet, men billedet selv indeholder sandheden – eller sandhederne, hvis man vil – om billedet*. Og det gælder jo ikke i mindre grad, når det indre billede materialiseres som i eksempelvis ekspressionistisk kunst (hvor der i øvrigt ikke nødvendigvis foreligger udsagn fra kunstneren om de af hans/hendes indre forestillinger, der måtte ligge til grund for billedet; i de tilfælde er beskueren simpelthen udelukkende henvist til det materialiserede billede selv som analyseobjekt).

Når talen er om billedet, så er talen også om noget altid allerede bearbejdet, om det så blot er i form af et amatørfoto, taget af en nybegynder. Et billede af virkeligheden – i vid forstand, altså også indbefattende den indre (fx fantasi- eller tanke-)virkelighed – er altid allerede billede af en udvalgt og mere eller mindre bearbejdet virkelighed og indeholder allerede dermed et væsentligt subjektivt moment.

Selv når billedet bliver mere eller mindre til skrift eller koncept må det uden tvivl fastholdes, at billedet og synsevnen er det centrale, om ikke andet, så som de væsentlige referencer. Det fremholdes således principielt i kunstværket for betragterens øje i og med sådanne kunstformer, at billedet i traditionel forstand – billedet, som fremviser former, farver og figurer – i en eller anden forstand ikke anses for tilstrækkeligt for det, vedkommende kunstner har at sige; kunstneren må derfor ty til ikke mindst skriften eller ideen. Er (den på forhånd konciperede) idé således det centrale i installationen, betyder det, at det visuelle udtryk af kunstneren ikke findes at være tilstrækkeligt for det kunstneriske udsagn. Det skal i denne forbindelse også bemærkes, at skriftens synlige form i konceptkunstnerisk sammenhæng ikke er ligegyldig; også sådan noget som bogstavernes form og farve, deres position i billedet og i forhold til hinanden må i reglen i sig betyde noget væsentligt, det gør ikke blot ordenes og bogstavernes semantiske indhold.

Synsevne og billede er også det centrale, såfremt billedkunstværket involverer andre sanseudtryk og sanser – fx lyd, musik (hørelsen) eller vind (fortrinsvis følesansen) – end rent visuelle udtryk og synssansen; i så fald må denne involvering enten tilskrives det, at kunstneren finder, at det billedlige i strikt forstand ikke er tilstrækkeligt til at udtrykke hans/hendes intention; billedet må da så at sige suppleres eller fuldendes med disse andre sanseudtryk. Eller billedet, videoen eller hvilket udtryksmedie, der nu måtte være tale om, må betragtes som et selvstændigt kunstværk ved siden af et andet selvstændigt kunstværk, der er udtrykt i et andet medie – det kunne eksempelvis dreje sig om en video ledsaget af middelalderlig musik og sang; i et sådant tilfælde må det fastholdes, at billedkunstværket som sådant lader sig tolke uafhængigt af musikken, der dog uden tvivl af kunstneren er tilregnet en inspirerende rolle i relation til billedtolkningen. En tredje mulighed gives imidlertid: Nemlig den, at kunstværket ikke væsentligt betragtet mere eller mindre udelukkende er et billedkunstværk, men et multimediekunstværk, altså et værk, som simpelthen sideordnet, parataktisk, implicerer flere sanseudtryk, der kun lader sig interpretere sammen, og hvoraf intet kan undværes for tolkningen af det samlede værk. Denne åbning af billedkunstværket ændrer imidlertid ikke ved, at billedsiden af et sådant kunstværk sætter sine egne grænser for fortolkningen af sig selv, skønt denne foregår i samvirken med fortolkningen af de andre udtryksformer, der på sin side ligeledes besidder egne, objektive grænser for fortolkningen af sig selv; det afgørende er her, at hverken billede eller de andre udtryksformer hver især i nogen grad lader sig reducere til noget andet end sig selv, selv om de altså må forstås i deres gensidige samspil. Derimod kan multimediekunstværket dog i nogen udstrækning hævdes at ændre begrebet om institutionen kunstmuseum; dettes genstandsområde må imidlertid stadig involvere billeddimensionen som essentiel, på samme måde som det enkelte, indsamlede og eventuelt udstillede værk i det mindste vel må indeholde denne dimension som væsentlig.

Alle billeder er jo imidlertid ikke kunst. Men hvad er da aktuel kunst – i første omgang i almindelighed? En definition af begrebet kunst skal ikke her forsøges, det synes tydeligt nok ikke at lønne sig; enhver, der seriøst har forsøgt sig med en definition af kunst, kender til forehavendets utvivlsomt mere end omtrentlige umulighed. Det er som at ville holde fast ved en fri fugl; når fuglen holdes fast, er den ikke længere fri. Vi kan imidlertid tentativt prøve at indkredse begrebet, primært igennem at sige noget om, hvad kunsten grundlæggende ikke er; *determinatio est negatio (bestemmelsen er negationen)*, sagde den jødisk-hollandske filosof Baruch de Spinoza (1632-77), og dette metodiske dictum har utvivlsomt ikke mindst gyldighed i relation til et substantielt betragtet svævende begreb, som kunstens er. Optikken, som kunstbegrebet her ses i, turde i første række være en nutidig, aktuel.

Kunst overhovedet er i sig noget andet end ren gengivelse eller afbildning af den faktisk eksisterende virkelighed. Udelukkende at reproducere og repetere den eksisterende virkelighed ville ikke give mening for og med kunstnerisk frembringelse – selv om en art realistisk reproduktion ganske vist kan indgå i et kunstværk, må værket, for at være kunst, utvivlsomt være mere end det. Ren og skær reproduktion og simpel gentagelse kan dårligt kaldes kunst, hvis ellers begrebet *kunstnerisk skabelse,* kunstnerisk frembringelse af noget nyt, der må hævdes at være essentiel for kunsten, skal have nogen plausibel mening; ren og skær reproduktion af det allerede 'skabte', om man vil, af den blot foreliggende virkelighed, er ikke selv skabelse, men netop gentagelse, reproduktion. *Kunst i genuin betydning er altså frembringelse af noget kvalitativt eller væsentligt nyt*. Den transcenderer, overskrider altid den eksisterende, forhåndenværende virkelighed og er i den forstand i slægt med det religiøse (uden vel at mærke nødvendigvis at være religiøs i betydningen indeholdende troen på en gud eller på noget selvstændigt og uafhængigt eksisterende, transcendent guddommeligt, eller noget andet sakralt og ikke grundlæggende sekulært) og – utvivlsomt ikke mindst – i slægt med ikke urealistisk, men grundlæggende heller aldrig nærmere bestemt, dennesidig utopi; *kunsten repræsenterer altid noget andet og i en eller anden forstand noget bedre end – eller nok bedre: en kritisk røst i forhold til – det, der blot foreligger her og nu.* Det må på denne baggrund ydermere hævdes, at også enhver naturalistisk eller realistisk kunst i sig selv indeholder et overskridende moment i forhold til det blot foreliggende, faktiske, der som sådant i sin grundlæggende ubevægelighed fastholder mennesker og ting.

Kan den foreliggende virkelighed da ikke være så god og retfærdig, at den ikke behøver (kunstens) kritik? Det er måske ikke umuligt; men kunsten kan aldrig bekræfte en sådan tilstand, det er ikke dens opgave; kunstens opgave er ikke (at bidrage til) selvbekræftelse eller selvros. I sig selv er kunsten altid principielt kritisk over for det, der præsenterer sig som det, der er det (egentligt) virkelige. Mere generelt, ret abstrakt og metaforisk kan det siges, at kunsten i sig er kritisk over for det, der låser virkeligheden fast. Det skal understreges, at kunstens virkelighed først og fremmest er kunsten selv og dennes virkemidler sådan at forstå, at kunsten af konstitution er autonom og dens problematikker kunstimmanente, den forholder sig først og fremmest til sine egne virkemidler og behøver ingenlunde at tage bevidst stilling til fx samfundsforhold, skønt samfundet og en kunstnerisk stillingtagen til dette utvivlsomt som oftest, hvis ikke altid, på sæt og vis lader sig genfinde i kunstværket, uafhængigt af kunstnerens egen intention med billedet og dets betydning. Med andre ord må kunsten formmæssigt og teknisk være på højde med sin tid; er den ikke det, opererer den fx med afrundede, helstøbte former, kan det tydes som udtryk for et kunstnerisk postulat om en fundamental alvidenhed og en grundlæggende tilværelsens harmoni, skønt kunstneren med sit værk har en intention om det modsatte, og skønt vægtig kunstnerisk erfaring og erkendelse modsiger det. Det skal understreges, at dette ikke betyder en plaidoyer for 'l'art pour l'art', kunsten for kunstens egens skyld; kunsten er rigtignok autonom, men den bringer også på sin egen vis en erkendelse med sig om verdens tilstand, tager så at sige dens temperatur, men uden at anvise løsninger. Kunsten nøjes således ikke med at stille spørgsmål, den leverer også et stykke ad vejen (negative) svar på spørgsmål, men aldrig konkrete, entydige og positive svar.

Kunst må imidlertid i sig anses for at være intimt – så intimt som det nu er muligt for tidsbundne menneskelige frembringelser – forbundet med det, der ikke, eller snarere kun som spor eller fragmenter for en forventning, som kilde til håb eller lignende, er til for mennesker her og nu. Kunst er på den måde ifølge sit begreb på højde med sin tid – ikke mindst på en eller anden, eventuelt intuitiv, måde æstetisk-erkendelsesmæssigt, hvad angår sit konkrete, kunstneriske stof, samt rent kunstnerisk teknisk –, men vel at mærke altså uden at gå rent op i sin tid; kunsten udtrykker – også når den angiveligt er indtryk, som i impressionistisk kunst – anskueligt og specifikt det overskridende moments forskellige slette eller mindre slette vilkår og betingelser i den samtid, der på sin side er historisk givet og som så at sige med tiden ændrer sig. Kunstværkets specifikke form er og må imidlertid også i høj grad være afhængig af den enkelte kunstners subjektivitet og hans tolkning af sit emne; at give udtryk for det forskellige, også det subjektivt forskellige, at give udtryk for det ikke altid ens må høre til kunstens essentielle træk.

Billedkunst kan således i sidste ende siges at være den udvalgte og bearbejdede fremstilling i forskellige former – fx maleri, skulptur, foto, video, installation og performance, eventuelt i interaktiv udførelse – for synet af det, der ikke lader sig reducere til det blot nu forhåndenværende, men som vel at mærke også omfatter dette. Den er, helt uanset tema, form og stil, i en vis forstand essentielt set fremstillingen af noget – som på ingen måde kunstnerisk essentielt betragtet hidrører fra nogen på forhånd fastlagt motivkreds, fx politisk eller social –, der i samtiden og måske i en eftertid kan give anelser om noget andet og bedre end det, der er givet her og nu såvel individuelt og eksistentielt som mellemmenneskeligt og med hensyn til menneske/natur-forholdet. (Billed)kunst må altså siges i sine egne, helt selvstændige former at besidde en iboende modstand i anskuelig form imod det – hvad det så end nærmere bestemt måtte være –, som på et givet tidspunkt og sted i historien forhindrer mennesker og ting i at komme til egen, sand udfoldelse i deres særegenhed, sammen og hver for sig; kunst må siges i sig selv at have iboende en art modstand imod uret i videste forstand, imod det illegitime, men dog i første række imod det kunstneriskæstetisk uretmæssige, imod det, som set i en æstetisk optik ikke holder vand, *uden at kunsten dog på den anden side har eller kan have noget bestemt*[iii]*, og altså heller ikke et etisk eller politisk, formål*. I den forstand kan kunsten kaldes svævende, uden nytteværdi i snæver betydning og negativ. Kunstens iboende, men ikke nødvendigvis af kunstneren selvforståede, pejlemærke synes således at være af en materielt funderet (bl.a. indikeret ved dens iboende sanselighed og optagethed af tingene eller det tingsrelaterede, uanset værkets eventuelt spiritualistiske tendens), konstitutivt set ubestemt utopisk – herunder selvsagt også totalitetskritisk, idet enhver totalitet i sin intention er helt igennem bestemt –, men dog ikke urealistisk karakter. I den forstand, at det grundlæggende ikke er muligt for mennesker at disponere over *det andet*, som kunsten er intimt forbundet med – og det ved kunsten –, kan kunsten også hævdes at have noget religiøst ved sig; det synes nemlig klart at ligge i kunsten, at mennesket ikke er verdens herre og endvidere, at der er noget før os og vores fornuft, noget efter os og i en vis forstand noget over os som noget – nogen kunne kalde det naturen –, der, vel nok langt hen ad vejen lykkeligvis, ikke lader sig beherske fuldkomment og helt igennem af mennesker.[iv] Kunstens anliggende må desuden være universelt; det gælder alle, også – og måske især – den sidste skabning, det sidste, elendige individ. Kunst er langt fra nødvendigvis skøn; men idet den viser noget sandt, hvor smerteligt, hæsligt eller grusomt dette end måtte være, bærer den vel også på en måde lykke i sig.

Her kan det være på sin plads at indskyde en bemærkning om det oldgræske ord og begreb for kunst, nemlig *techne*. Kunst var i en oprindelig, antik betydning at forstå som en slags håndværksmæssig teknik, nærmere bestemt: 1) det at forme en genstand efter dennes uforanderlige, iboende (eller fra en art platonisk, i forhold til tingen ekstern, idé stammende), ideelle bestemmelse eller muligheder (potentialitet) og ifølge dens iboende formål (telos) samt 2) denne formede genstand selv. Dette formål var i sidste ende af guddommelig natur eller var metafysisk bestemt. I de i de ovenstående afsnit fremstillede momenter af kunstbegrebet lyder en, om end afsvækket, efterklang af denne antikke opfattelse; i disse afsnit konciperes det nemlig, at aktuel kunst minder os om, hvordan verden er nu, og at denne, med uudryddelig basis i entiteternes historisk, men ikke vilkårligt foranderlige væsen, kunne være anderledes, uden at moderne kunst altså bilder sig ind, at tingenes 'bestemmelse' og verdens beskaffenhed som helhed kan lægges fast.

Men hvorfor i grunden billedkunst, hvad er dens grundlæggende berettigelse? Kunne verden ikke nøjes med fx musik, poesi og filosofi? Dertil kan der svares, at billedets fremstillingsform – eller måske snarere: frem*visnings*form – blandt kunstarterne er enestående for netop billedkunsten, og den oplevelse og erkendelse, denne form kan give, er enestående, eksklusiv for billedkunsten; billedets verden er på den måde en særegen verden, som kræver sin egen fremstilling i sit eget medie og kan give en særegen oplevelse og erkendelse, der ikke fuldt og helt kan tilegnes igennem andre kunstarter eller erkendelsesformer i det hele taget.

Til slut i dette afsnit skal det understreges, at lige så lidt som kunst lader sig definere og sætte i bås som en fast og uforanderlig kategori, lige så lidt er kunstneren som sådan bundet af faste regler, bortset fra dem, som han/hun eventuelt selv opstiller for sin egen kunstneriske virksomhed. Beskuerens analyse og vurdering af eller, om man vil, smagsdom over kunstværket som sådant – og ingen kommer uden om en sådan vurdering, og slet ikke museumsfagfolk – kan således ikke have noget bestemt, på forhånd givet skema på baggrund af hvilket, der lader sig vurdere. Om en frembringelse er (god) kunst eller ej, må den enkelte beskuer selv og selvstændigt reflektere over og kritisk dømme om, ikke mindst på baggrund af egne, tidligere erfaringer af og med kunst samt viden om denne og desuden på baggrund af sin mere almene livserfaring og viden. Naturligvis kan også diskussionen med andre og i det hele taget andres vurdering af kunstværket være med til at danne baggrund for den enkeltes selvstændige vurdering. I almindelighed må det gælde, at den kvalificerede vurdering af kunst som sådan er den først og fremmest veloplyste, men også subjektive og historisk foranderlige, vurdering.

B. Om ordet museum

I *Gyldendals* røde *Fremmedordbog* defineres *museum* på denne måde:

> "(Af gr. *museion* tempel for muserne) samling af kunstværker el. ting af videnskabelig el. kulturhistorisk interesse".

Muse defineres samme sted sådan:

> "I gr. mytologi: en af de ni gudinder for kunst og videnskab".

Et museum er altså, følger vi ordets oprindelige betydning som fremstillet i nævnte *Fremmedordbog*, en slags 'tempel', et helligt sted, så at sige et kultsted, et hjemsted for religiøs dyrkelse af kunstens, videnskabens og/eller kulturhistoriens gudinder.[vvi] Indskrænker vi os til at tale om museet som billedkunstmuseum, er den udstillede kunst at forstå som et medie, gennem hvilket det guddommelige viser sig, og det er netop denne billedkunst, publikum kommer for at beskue og, om man vil, dyrke; publikum kommer ikke for fx at overvære en præsts prædiken. Ordet museums oprindelige semantik synes tilstrækkelig kraftigt at antyde, at kunsten anses for, eller i det mindste – omkring den moderne museumsinstitutions opkomst i begyndelsen af 1800-tallet – er blevet anset for, at være guddommelig i sig selv eller i alle fald i intim kontakt med det hellige; og uden at vi her skal følge begrebets historiske udvikling eller forandring har ordet i dag næppe helt fraskrevet sig denne betydning, som i det mindste stadig klart konnoteres i selve betegnelsen *museum*.[vii] Hvordan nu det guddommelige/'det guddommelige'/det metafysiske[viii] ved billedkunsten – og dermed ved institutionen kunstmuseum som kunstforskende og -formidlende instans – så nærmere skal interpreteres i dag, er en anden sag: Om det skal forstås religiøst i en gængs forstand som so oder so refererende til en Gud, til flere guder eller til en art guddommelig eller metafysisk/ontologisk, ikke-personlig, eventuelt ubestemt entitet (fx Væren, Intet eller Det Ubestemte), eller til en absolut størrelse (fx Identiteten af natur og ånd i panteismen), eller det skal tydes som noget mere sekulært, eller måske endog som noget, der fornægtes mere eller mindre af kunstværket,[ix] men som dog alligevel i det mindste på netop denne negerede måde er til stede i kunstværket som noget, dette forholder sig til og altså ikke kan sætte sig helt ud over, det må i høj grad være op til den enkelte kunstner og den enkelte kunstbetragter – men for den æstetisk-filosofiske betragtning dog op til kunstværket selv, så at sige, op til, hvad dette selv fortolket udtrykker. Med forlov hælder denne forfatter mest til et mere sekulært begreb om det genuint 'guddommelige' i kunsten, nemlig at dette er af en aldrig helt bestemt, tingsbåret, immanent, dennesidig, utopisk karakter, der ikke giver grundlag for nogen art ubrudt, ikke fejlbehæftet, ufejlbarlig helhed (fx samfundshelhed), men derimod anerkender systemers og menneskers legitime fejlbarlighed. Alment skal det understreges, at kunstværkers forhold til det guddommelige/'det guddommelige'/det metafysiske kan være yderst intrikat. Men hvorom alting er, synes det i denne sammenhæng at kunne hævdes med rimelighed, at de følgende er essentielle – om end ikke eksklusive – aspekter ved hhv. billedkunsten og museumsinstitutionen: *Billedkunsten forholder sig til det guddommelige*[x]*/'det guddommelige'/det metafysiske/det historisk 'metafysiske'*[xi]*/det andet i en eller anden forstand – i hvilket det diabolske ikke nødvendigvis prima facie fornægtes, men ofte søges forsonet i en eller anden grad eller forstand –, det være sig bekræftende, benægtende, tvivlende eller dialektisk, og museet formidler denne kunst* – det sidste sker faktisk i dag oftest, hvis ikke altid, primært på basis af det faglige personales videnskabelige uddannelse og ballast.

KAPITEL 2

KOMMENTAR TIL RELEVANTE DELE AF *MUSEUMSLOVEN AF 23.12.2012*

A. Forbemærkning

Museumsloven kommenteres på dette sted, ikke så meget fordi overvejelserne i nærværende skrift finder en rettesnor i den for egen stillingtagen, men fordi den på afgørende punkter i ganske høj grad anses for, trods ganske passende løst formuleret, ikke desto mindre i sin logiske konsekvens at understøtte denne studies egne betragtninger, der er fremstillet i det foregående kapitel, og som vil blive yderligere udfoldet i de efterfølgende kapitler.

B. Uddrag af museumsloven, gældende fra den 1. januar 2013

Kapitel 1. Formål:

§1, stk. 3.

"Medmindre andet er fastsat, finder lovens regler anvendelse på de statslige museer under *Kulturministeriet* og på de statsanerkendte museer, der modtager statstilskud efter loven".

§2.

"Gennem de indbyrdes forbundne opgaver indsamling, registrering, bevaring, forskning og formidling skal museerne i et lokalt, nationalt og globalt perspektiv

1) aktualisere viden om kultur- og naturarv og gøre denne tilgængelig og vedkommende,

2) udvikle anvendelse og betydning af kultur- og naturarv for borgere og samfund og

3) sikre kultur- og naturarv for fremtidens anvendelse.

Stk. 2. Museerne skal samarbejde om de opgaver, som er nævnt i stk. 1".

Kapitel 3. Kunstmuseerne:

§6.

"Kunstmuseerne belyser billedkunstens historie og aktuelle udtryk samt dens æstetiske og erkendelsesmæssige dimensioner".

C. Kommentar til museumsloven

Ad §2:

Det er værd at bemærke, at *aktualisering af viden* om kulturarv – og vel at mærke ikke blot Danmarks, idet ingen bestemt nations kulturarv er fremhævet i loven, tværtimod nævnes 'det lokale, nationale *og globale perspektiv*' som museernes opgave – er af substantiel betydning for (kunst- og kultur)museernes virksomhed og samarbejde.

Erkendelsesaspektet – og viden, der ikke i sidste ende er erkendelse, der ikke er erkendt som viden, men eksempelvis blot er mekanisk indlært, kan dårligt anses for genuin viden – står således for det første centralt i lovens udtalte intentioner for museerne. Viden om kulturarven er altså ifølge loven meget tæt knyttet til denne, hvilket, stadig ifølge loven, samtidig vil sige, at erkendelsesaspektet ved kulturarven ikke kan tænkes væk fra den, anskuet i en museumsoptik; kulturarven *selv* måles med erkendelsens alen: Kulturarven studeres især med henblik på erkendelse, og jo mere erkendelse, den pågældende kulturarvsgenstand i sig selv muliggør eller så at sige kan præstere, desto bedre.

Desuden lægges der særlig vægt på *aktualitets- eller nutidsaspektet* af kulturarven; det er verden – *hele verden* – omkring *os*, der særligt fremhæves, og ikke verden omkring hine forgangne slægter, der var de respektive historiske værkers samtidige. Dette skønt de tidligere slægters håb og længsler ikke bør glemmes af de senere.

Af formålsparagraffen turde det altså tydeligt nok fremgå, at det, foruden bl.a. publikums adgang til viden, er *aktuelt relevant erkendelse*, der i museumsloven sættes særlig fokus på som museernes raison d'être.

Ad §6:

Denne paragraf har et dobbelt sigte; dels et i snævrere forstand historisk og samtidshistorisk (det 'aktuelle udtryk'): "Kunstmuseet belyser billedkunstens historie og aktuelle udtryk", og dels et mere rent billederkendende og filosofisk: "Kunstmuseet belyser billedkunstens æstetiske og erkendelsesmæssige dimensioner".

Den historiske og samtidshistoriske belysning af billedkunsten tager til syvende og sidst, ideelt betragtet, sigte på påvisningen og eftervisningen af alle de forskellige former for sammenhænge mellem det enkelte billede og dets bedst og mest muligt omfattende material- såvel som åndshistoriske kontekst. Praksis i denne henseende må dog som oftest for det enkelte museum rimeligvis være mindre ambitiøs; dels vil for langt de fleste museers vedkommende en vis begrænsning af det billedmæssige genstandsfelt – geografisk, periodemæssig, stilmæssig eller anden begrænsning – utvivlsomt være en mere eller mindre praktisk nødvendighed, og dels kan den optimalt omfattende material- og åndshistoriske indplacering af billederne vanskeliggøres af mangel på faglig ekspertise af fx litteratur-, musik-, idé-, social- og økonomisk historisk karakter på næppe så få museer – en mulig mangel, som imidlertid vil kunne lade sig afhjælpe igennem at indhente denne ekspertise udefra.

Belysningen af billedkunstens æstetiske – af det græske ord for *at sanse, at fornemme: aisthanesthai* – dimension har fundamentalt set den specifikke, enestående kunstfrembringelses særegne, sansemæssige erkendelse som det helt centrale objekt og mål.[xii] Dette særlige billedes særegne æstetiske erkendelse udelukker på den anden side ikke, at den samtidig indebærer en erkendelse, som omfatter almene træk i en eller anden grad, dvs. træk, der deles af mange eller alle enkeltting og/eller -mennesker. Et eksempel på belysningen af billedkunstens æstetiske dimension kunne være en påpegning af den i det mindste i billedet selv konstitutivt *ikke primært begrebslige*, men derimod anskueligt fremstillede erkendelse hos impressionister, at den tidligere, førimpressionistiske billedkunsts fastere, skarpere og klarere figurer og konturer i deres egenskab af legitime kunstneriske motiver og former var forældede og havde overlevet sig selv, og at et billesprog, der udelukkende eller altovervejende gengav sådanne var eller klart forekom passé; mere flydende og ikke helt så klare og tydelige figurer syntes for impressionisterne mere adækvate. Den æstetiske smagsdom på dette niveau må dreje sig om, hvorvidt (det nye) kunstværk får sagt noget adækvat nyt om billedkunst som sådan, hvorvidt det særlige ved det specifikke kunstværk er udtryk for ny – måske epokegørende, om end mindre vel kan gøre det – billedkunstnerisk erkendelse i snævrere, kunstimmanent forstand.

Belysningen af billedkunstens erkendelsesmæssige dimensioner i videre forstand sætter billedkunstens iboende, men af substantielle grunde uudfoldede, ontologiske eller metafysiske/'metafysiske', altså filosofisk – eventuelt religionsfilosofisk – tydende og begrebslige, erkendelse i fokus igennem at læse denne erkendelse, der jo ikke er ekspliciteret i den af konstitution ikke-begrebslige kunstfrembringelse,[xiii] frem og tage stilling til den.[xiv] Det principale i denne forbindelse går på den enkelte *kunstfrembringelses* implicitte (ikke kunstnerens eventuelt eksplicitte) 'svar' på spørgsmål om det værendes væsen, herunder hvordan det står til lige nu med dette væsen, eller værkets eventuelle fornægtelse af et sådant væsen. Den æstetisk *filosofiske* dom drejer sig her primært om, hvorvidt kunstfrembringelsens egen fremvisning er sand som historisk væsenserkendelse, samt hvordan og i hvor høj grad, den er sand som sådan erkendelse.

Det må understreges, at et kunstværk konstitutivt betragtet ikke lader sig subsumere under nogen kategori, fx videnskabelig eller filosofisk; værkets essentielt set ubestemte karakter lader sig ikke sætte på kategorial formel. Langt snarere kan man sige, at det enkelte kunstværk selv insisterer på at give særegen og åben form til sit eget særegne og åbne begreb, som ingen traditionelle kategorier, og da slet ikke en enkelt kategori, kan rumme eller indfange – eller med Adornos lidt anderledes formulering: ”Kunstværkets formål er det ubestemtes bestemthed”[xv]; vil man altså begribe et kunstværk, må de dertil anvendte kategorier nødvendigvis og rettelig erkendes som og gøres adækvat flydende, fleksible, udskiftelige, supplerbare og konstitutivt ufuldstændige skønt dog erkendelsesbærende, hvorved deres oprindeligt rigide kategori-karakter samtidig ophæves.

De to aspekter af kunstmuseets grundlæggende opgave – belysningen af det historiske respektive det æstetiske og det filosofiske ved kunsten – lader sig dog ikke skille ad, tværtimod belyser de gensidigt hinanden som to sider af samme sag. Ikke mindst er den æstetiske og evt. filosofiske vurdering af det enkelte værk grundlag for den historiske vurdering og indplacering af billedet. Omvendt må hhv. billedets æstetik og begreb ses som historiske udsagn (uden at de lader sig reducere til noget historisk helt igennem relativt eller primært konstrueret – dvs. subjekt-, bevidstheds- eller samfundsskabt –, som ikke har noget betydningsbærende fundament i tingene som sådanne, i deres materialitet). Nævnes skal det også i denne sammenhæng, at forskellige historiefilosofiske opfattelser kan lede til forskellige retningslinjer for den historiske belysning af billedkunsten hos museumsfagfolk. Endelig er der utvivlsomt også en eller anden grad af erkendelse at hente i historisk fremvisning som sådan (uagtet at en sådan altid er resultat af et valg); dels naturligvis om selve kunsthistoriens forløb og om kunstens fortid som forudsætning for dens nutid i en eller anden henseende, men også om tidligere menneskelige bestræbelser, følelser og tanker, som også nulevende kan siges at have mere eller mindre del i; for også ældre tiders kunst er udtryk for det ene menneskes henvendelse til det andet med et anliggende, på tværs af tid og sted.

Spørgsmålet om relevans er dog ikke så simpelt besvaret; det ringere maleri eller det maleri, der historisk har udtømt sit indhold og sin form og kun dårligt siger de nulevende noget, kan fint være relevant i forhold til indsigten i, hvordan et maleri ikke eller nok ikke (længere) skal være. Og det historisk overleverede og temmelig udlevede maleri kan ligeledes være relevant for indsigten i, hvordan verden var eller menes at have været, og hvad vi måske i en eller anden grad kan synes at have glemt i vor moderne tid; romantikkens pukken på bl.a. middelalderen og dens – med en anakronisme – 'sammenhængskraft' eller sociale enhedsbestræbelse kunne ses som et eksempel fra en anden tid end vor egen på det at gøre opmærksom på en verden og et verdensbillede, herunder en kunst, der har været, og som vel næppe ret mange fra den pågældende senere tidsalder reelt ønsker sig tilbage til, men som denne senere tids kunst, dens betragtere og i øvrigt mennesker i almindelighed måske vitterligt kunne lære noget af.

Hvad der står i *museumslovens* §7, stk. 3 om *Statens Museum for Kunst* kan som en slags opsummering af dette kapitel også substantielt set siges at dække de statsanerkendte museer:

> ”Museets samlinger danner grundlag for forskning og for museets alment oplysende virksomhed”.

Det er således ny erkendelse – igennem intern og ekstern forskning – og almen oplysning, der synes at skulle stå i centrum af kunstmuseernes virksomhed ifølge *museumsloven*, som på denne måde befæster – foruden at have leveret materiale til dette kapitels uddybning af – følgende hovedtese for nærværende afhandling: *Kunstmuseernes primære arbejdsområde er aktuel kunst, dvs. kunst – ældre såvel som nyere og nyeste –, der har en i første række billedkunstnerisk, emfatisk erkendelsesværdi i dag.* Ikke mindst denne tese vil blive udfoldet, drøftet og perspektiveret i de følgende kapitler.

KAPITEL 3

OM BEGREBET *KUNSTMUSEUM*

A. Indledende overvejelser over kunstmuseets nutidige relevans overhovedet

I dette kapitel vil det blive forsøgt nærmere at bestemme begrebet *kunstmuseum*. Allerførst skal det dog forsøges at besvare de prekære spørgsmål: Har institutionen kunstmuseum overhovedet noget væsentligt formål? Og hvis ja, da hvilket?

Det mere eller mindre offentligt ejede eller i høj grad økonomisk støttede kunstmuseum skal sikre offentligheden adgang til billedkunst af høj dignitet på forskningsmæssigt grundlag og primært i oplysningsøjemed, især med henblik på henholdsvis forskning, uddannelse og hvad man kunne kalde almen dannelse (reelt, om ikke formelt, drives mange, hvis ikke alle, fortrinsvis privatejede kunstmuseer givetvis efter tilsvarende retningslinjer). Yderligere skal kunstmuseet principielt (medvirke til at) gøre formidlingen af billedkunsten tilgængelig for alle, ligeledes på forskningsmæssig basis. *Billedkunsten er, uanset national proveniens, en væsentlig del af hele menneskehedens fælles erkendelsesgods, og derfor bør offentligheden have adgang – i vid forstand – til den*, derom kan der næppe herske megen tvivl. Kan imidlertid de nævnte opgaver i den forbindelse eventuelt udføres bedre af andre aktører end de eksisterende kunstmuseer, kunne de vel overtage opgaven. Som det ser ud i dag, lader dette imidlertid ikke til at være tilfældet; intet realistisk alternativ i større omfang, ikke mindst økonomisk betragtet, til i hvert fald kunstmuseerne her i landet er til at få øje på. Det er ydermere svært at se, at det gennemgående erkendelsesformål med kunstmuseerne, der har en så principielt central status for kunstmuseernes virke – hvad det rigtigt nok også i allerhøjeste grad har for universiteterne, som imidlertid ikke eller kun i relativt mindre omfang, og dette uden tvivl med rette, desuden har til opgave at indsamle og formidle kunst –, i det store og hele kan sikres bedre end igennem offentlige, i realiteten statslige og/eller kommunale, myndigheders værn i form af love og forordninger imod mindre museumsrelevante formåls uforholdsmæssige, mulige vinden indpas på museet. Det skal dog også understreges, at de offentlige myndigheder i dag næppe fuldt ud er eller altid giver en reel garanti imod sådanne formåls – betragtet i en ren museumsoptik uforholdsmæssige – vinden indpas i kunstmuseernes virksomhed. Men bortset herfra forekommer de offentligt ejede eller støttede museer, og muligvis især de selvejende institutioner blandt kunstmuseerne, altså i dag at have sin temmelig uomtvistelige berettigelse.

I selve institutionen kunstmuseum, kan man imidlertid hævde, findes der en, man kunne kalde det iboende, faldgrube. Det handler om den mulige neutralisering af kunsten.[xvi] Denne neutralisering kan hævdes at have en parallel i den indsamling til og indhegning af vilde dyr i zoologiske haver, som skærmer publikum imod, hvad disse dyr i grunden er i sit rette element, skærmer det imod deres eventuelle farlighed og hele kraft og i grunden også eliminerer dyrenes værdighed eller, om man vil, bestemmelse. Og når vi altså opererer med den antagelse, at kunstværket per se har kunstnerisk brod eller ligefrem en slags æstetiske rovdyrtænder, så kunne museet, uden at ville det, komme for skade at fjerne (betydelige dele af) denne modstandskraft, som brodden også kan kaldes, i og med selve indlemmelsen af det i sin samling uden samtidig so oder so at gøre klart opmærksom på, at *kunsten meget gerne vil noget* med den besøgende, nemlig vedkommendes (æstetiske) ny erkendelse.[xvii] Gøres der ikke opmærksom på dette, og handles – altså formidles med videre – der ikke derefter, så ligger neutraliseringen eller kastrationen af kunsten nær.

Nærmere bestemt ligger en af de principielle risici i, at *museet umiddelbart synes i eminent grad at repræsentere historien, altså det, der var*, og ikke repræsenterer ytringer i form af billedkunstværker, der har noget aktuelt relevant at sige os nu i dag. Et andet, potentielt faremoment består i, at indlemmelsen af et værk i en museumssamling let opfattes som samfundets eller statens ridderslag til værket, som dermed i overført forstand synes at have fået tildelt 'en orden' netop i form af museets erhvervelse af det, og værket kan nu synes ikke (længere) at videregive nogen indsigelse imod noget i det samme samfund; det er, samtidig med at kunstneren nu (om ikke før) hermed bliver 'anerkendt', blevet optaget blandt 'samfundets støtter', så at sige. Brodden kan på den måde i høj grad synes væk fra værket. Endvidere kan, som en tredje risikofaktor, de enkeltstående og selvstændige kunstværkers indlemmelse i en og samme, store samling – og her betragtes alle kunstmuseer i det mindste i Danmark som ét stort museum – , uden nogen har villet det, få det til at se ud, som om kunstnerne eller rettere deres værker uden videre er en del af et stort, essentielt betragtet samdrægtigt hele (eksempelvis noget af national karakter), hvad de sjældent væsentligt er eller har været. Kunsten er i allerhøjeste grad individuel, kunstværkerne er enestående og med meget afgørende indbyrdes forskelle eller ligefrem modsætninger. Samlingen som sådan af dem kan derimod nemt suggerere, at værkerne vil det selvsamme, vil noget næsten identisk, og at der derfor bør fokuseres på det fælles og ikke snarere på det forskellige, på den indbyrdes uenighed. Fokuseres der på førstnævnte måde, må det regnes for en reduktion af alle involverede kunstværker til en fælles nævner. Af ikke mindst de her nævnte grunde er det så vigtigt, at kunstmuseet lægger en særlig, eksplicit og implicit emfase på sine erkendelsesopgaver og på kunstens ubetingede vilje og, når den lykkes, evne til at udtrykke noget for beskueren samt på kunstværkets særlige erkendelsesindhold og -form.

Kunstmuseet indeholder i bedste fald en samling af *særegne, enkeltstående og enestående kunstværker*, det indeholder ikke primært *en samling* af særegne, enkeltstående og enestående kunstværker. Museets betoning og opmærksomhed må altså klart ligge på det enkelte værk, ikke i nær så høj grad på helheden som sådan, herunder udstillingens helhed. Kunstmuseets samling er således ikke en samling i samme forstand som eksempelvis en frimærkesamling er det; museets værker danner ikke som denne en enhed af elementer, hvis sammenhæng potentielt er glat, gnidnings- og brudfri, ud fra den ene eller den anden på forhånd gennemtænkte systematik og skematik. Museets virksomhed turde helt og holdent dreje sig om, hvad det enkelte værk, der ungefær pr. definition har en kant og bestemt ikke brudløst går op i nogen helhed,[xviii] i sig selv har at sige, samt hvad det kunne have at sige publikum eller måske, alt efter omstændighederne, en bestemt, mere eller mindre begrænset del af dette. Et museum bør ikke gå i den ellers ret nærliggende fælde, det er at lade det enkelte kunstværk underordnes den helhed, som en museumssamling jo kun tilsyneladende er. At yde det enkelte værk fuld retfærdighed som sådant bør utvivlsomt være en af museets fornemste opgaver, hvis ikke den fornemste, på trods af den kollektive ramme. Den sammenhæng, som det enkelte museum, og vel også i hvert fald dette lands samlede museer, helt legitimt og rimeligt måtte etablere, bør etableres på basis af de enkelte værkers særegenhed og i fuld respekt for denne.[xix]

B. Om relationen mellem historie og aktualitet på kunstmuseet

Traditionelt anses kulturhistoriske museer og kunstmuseer for at være *bærere af historien, af 'kulturarven'*. Det ses sikkert tydeligst i forbindelse med kulturhistoriske museer, hvor fx for længst hedengangne produktionsredskaber som stenalderens knive, økser mm. er repræsenteret. I et sådant eller et tilsvarende tilfælde kan aktualiteten ved museumsgenstandene synes helt elimineret; det er således utvivlsomt begrænset, hvad nutidens produktions- og anden teknologi har at lære af stenalderens og andre tidligere epokers produktionsmetoder.

Det er dog i almindelighed næppe teknologisk og anden umiddelbar, brugsrelateret viden, som er det væsentlige ved kendskabet til de rent kulturhistoriske museumsgenstande; det er snarere sådan noget som det, at vi bør erindre, at (og hvorfor og hvordan) historisk udvikling er sket og stadig er mulig, men også det, at vi skal huske på de forgangne slægter samt vores og vor tids samhørighed med dem, og ikke mindst arten og graden af denne samhørighed; vi bør ideelt set huske på, at historien ikke blot er kontinuitet, brud, identitet og fremskridt, men også tilbageslag, forfald, differens og ikke-entydighed samt mindretals historie. Det kulturhistoriske museumsstof bør mere alment sagt give historisk erkendelse af det, der var, og vel at mærke erkendelse, der perspektiverer det, der er i dag, der perspektiverer det, der er nutidigt – optikken, som det historiske stof betragtes i, er således for en ideel betragtning nutidens –, uden at det i reglen selv vil 'tale' erkendende direkte ind i sin samtid, skønt det i visse tilfælde rigtignok kan have en høj grad af direkte aktuel relevans. Der er med andre ord tale om stof, der har som formål at give (kultur)historisk erkendelse, der må måles på sin (potentielle) relevans for aktuel erkendelse.[xx]

Denne betragtning af det kulturhistoriske museum som bærer af historien i ovennævnte forstand lader sig imidlertid ikke uden videre overføre til kunstmuseet af i dag; en billedkunstfrembringelse, der ikke har eller ikke anses for at have nogen videre – i første række æstetisk – direkte og emfatisk fordring på at være aktuel erkendelse af til enhver tid værende nutid, har næppe sin rette plads på et kunstmuseum, men snarere på et kulturhistorisk museum, medmindre den fx på eksemplarisk vis kan illustrere noget, som en given, nutidig, erkendelsesbærende billedkunst i dag spiller op imod af ældre billedkunst eller eventuelt har lært af, men som imidlertid ikke er umiddelbart transparent i, men derimod på en eller anden måde er integreret, indoptaget i den pågældende, nutidige billedkunst/det pågældende nutidige værk. Selvsagt må der udvises forsigtighed, når et stykke billedkunst frakendes væsentligere billedkunstnerisk værdi i dag, men det er på den anden side en vurdering, som et museum ofte må foretage, og det er givetvis en vurdering, som kunstnere selv – og næppe altid de ringeste – foretager.[xxi] Det skal dog så på den anden side også siges som noget, der komplicerer sagen, at det ikke er utænkeligt, at kunst, der på et givet tidspunkt vurderes som forældet eller dårlig, i en anden, senere tid kan blive vurderet anderledes positivt.

Kunstmuseet forstået som bærer af historien giver ikke så megen mening, hvis det skal betyde, at det i større omfang skal beskæftige sig også med kunst, der blot har begrænset billedkunstnerisk – æstetisk – erkendelsesværdi i dag, al den stund 'billedkunst' uden eller næsten uden æstetisk værdi altså ikke eller kun dårligt lader sig kalde billedkunst. Kunstmuseet som bærer af historien i genuin forstand må således betyde sådan noget som, at det hovedsageligt beskæftiger sig med aktuelt erkendelsesbærende kunst, eventuelt eller snarere reelt som oftest med visse begrænsninger, fx kunst fra en nærmere bestemt periode og inden for et nærmere bestemt geografisk område, der dog i reglen må både tids- og stedmæssigt perspektiveres med kunst fra såvel andre perioder som andre lande/geografiske områder.

Det må understreges, at der ikke nødvendigvis finder nogen mere eller mindre automatisk udvikling sted på billedkunstens felt, sådan at det nyeste nødvendigvis har en større æstetisk værdi end det ældre. Nyt er ikke nødvendigvis lig med godt, og ældre ikke med forældet. Men den bedste nye kunst taler dog på adækvat vis ind i og om (noget i) sin egen tid og har derfor uden tvivl ofte en større aktuel erkendelsesværdi end den ældre, og det har den utvivlsomt ydermere, fordi den erkender den (bedste) ældre kunsts inhærente, aktuelle, æstetiske utilstrækkelighed.

Angående begrebet 'kulturarv' og kunstmuseet som dennes forvalter: Umiddelbart kan der let synes at ligge det i begrebet, at kulturen er noget, som efterslægterne har fået overdraget af de forgangne generationer, og som de senere slægter bør passe på i uforandret tilstand slet og ret. Forstået kunstmusealt ville det betyde, at kunstmuseet blot skulle fremvise tidligere tiders overleverede kunst uden at tage nogen form for stilling. En anden og i hvert fald for kunstmuseet som nutidig institution mere adækvat fortolkning af begrebet turde imidlertid være den, at kulturarven bør, som al anden arv, forvaltes fornuftigt og i taknemmelighed, men altså også efter de nutidige (ikke mindst de kunstfagligt kvalificerede) levendes vurderinger og nutidens øvrige, ikke mindst kunstnerisk relevante, betingelser.

Kunstmuseernes primære arbejdsområde under dette aspekt

synes altså klart nok at være aktuel kunst, dvs. kunst, der har en i første række direkte, emfatisk, billedkunstnerisk erkendelsesværdi i dag. Det betyder ikke nødvendigvis den nyeste kunst, selv om denne utvivlsomt ofte og med god grund vil melde sig i fokus; også ældre kunst kan relativt ubesværet have central, aktuel betydning.

C. Kunstmuseet, forskningen og formidlingen

a. Forskningen

Grundlaget second to none for kunstmuseets virksomhed er billedkunsten; kunstmuseet er museum *for* billedkunsten, dvs., at museet først og fremmest tjener *billedkunsten.*

Og den billedkunst, der så at sige skal betjenes, må, som det hed i foregående kapitel, især være kunst, der har en billedkunstnerisk erkendelsesværdi i dag. Denne erkendelsesværdi lader sig primært afdække igennem forskning i billedkunst, især igennem forskning i det enkelte billede eller billedkunstneriske objekt i videste forstand samt i dets relevante relationer.

Kompetent til at udføre denne forskning vil være den videnskabeligt uddannede kunstvidenskabsperson eller kunsthistoriker eller personer med tilsvarende kompetencer.

Det uomtvistelige fundament for den kunstmuseale virksomhed turde således være – foruden naturligvis billedkunstgenstandene eller -koncepterne – *forskningen i billedkunsten.* I princippet kan enhver anden videnskab dog inddrages ad hoc som hjælpevidenskab for de kunstvidenskabelige discipliner (hvortil også hører kunsthistorien) i disses bestræbelser på adækvat at forstå og begribe billederne eller objekterne – ligesom billedkunsten selv (der dog væsentligt betragtet ikke selv er en videnskab) må kunstvidenskaben således ideelt set være på omgangshøjde med (anden) gyldig videnskab, for så vidt som dennes erkendelser spiller en rolle for (indsigten i) det pågældende billede. Om den kunstvidenskabelige, museumsrelevante forskning er intern eller ekstern, spiller principielt ingen rolle; men det forekommer dog klart, at det kunstfaglige personale på museet i det mindste må være forskningsuddannet/have forskningskompetence og være velorienteret inden for den nyeste kunstvidenskabelige forskning med henblik på sine kvalifikationer inden for hele sit arbejdsområde, strækkende sig fra indsamling til formidling.

Vi har i Kapitel 1 været inde på, at erkendelse af billedkunsten så at sige foregår i to tempi, der rigtigt nok meningsfuldt kan skilles ad, men som dog også hører sammen: For det første er der den mere rent æstetiske erkendelse, nemlig *den erkendelse, som har indsigten i den singulære frembringelses sanselige, stoflige, egenartede, enestående virkemidler som formål*. Denne den æstetiske erkendelsesform er et væsentligt grundlag for at placere og vurdere værket i dets kunsthistoriske sammenhæng. Det er denne form for eller del af erkendelsen af kunstværket, vi hidtil har behandlet i dette afsnit. Der findes imidlertid også en anden form for erkendelse af et kunstværk – den kan kaldes *dets begribelse* – nemlig den ontologiske eller metafysiske, filosofiske erkendelse, der søger at sætte erkendelsen i kunstværket på begreb, at analysere frem, hvad værket har at sige om (en del af) verdens – *ikke nødvendigvis historisk uforanderlige*, som det ellers modsætningsvis traditionelt har ligget i metafysikbegrebet – *væsen/'væsen'* og eventuelt om dette væsens tilstand på et givet tidspunkt og sted i historien.[xxii]

Der gives altså to former for/dele af billederkendelsen: dels erkendelsen af det i dets kunstneriske særegenhed, og dels den begrebslige, men vel at mærke billed-immanent funderede erkendelse af det. Som sagt forekommer den første form for erkendelse klart at være kunstvidenskabens/kunsthistoriens egentlige revir, mens den anden form, der altså i eminent forstand bygger på den første, kan hævdes at være filosofiens og idéhistoriens gebet. Det betyder naturligvis ikke, at det ikke er muligt for kunsthistorikeren at udtale sig om disse sidste aspekter af billedet/objektet; men det må uden tvivl betyde, at kunsthistorikeren, når vedkommende gebærder sig inden for disse felter, har ladet sin analyse befrugte af disse videns- og videnskabsgrene.

Det skal bemærkes, at kunstforskning i en vis henseende er en fortsættelse af kunstnerens arbejde, i og med at den også vurderer kunstobjektets æstetiske værdi; som kunstobjektet selv, således er kunstforskningen også (kunstnerisk funderet) tydning af verden, af fænomeners væsentlige æstetiske beskaffenhed og tilstand, men til forskel fra kunsten selv i form af en smagsdom, ikke i form af et kunstværk. Dermed overskrider kunstforskningen (der i sidste ende tilstræber at afsige *æstetisk, sanseligt* tydende smagsdomme) i sig selv i grunden forskningens grænser og går hen imod filosofiens (den *ontologiske, begrebslige* tydnings) gebet.

Endelig nogle bemærkninger til bestemmelse af en anden, central del af et museums forskning – en forskningsdel, der, skal det påpeges, i grunden også er at anse for en del af hele den relevante, herunder også den universitære, forskningsverden, nationalt såvel som internationalt –, nemlig den museologiske. Denne står i rapport til museets selvrefleksion som sådant (og udøves desuden af andre, som oftest universitetsansatte, forskere) og stiller spørgsmål som: *Hvad er et kunstmuseum i almindelighed? Hvad er dette bestemte museum for noget? Hvilke er museets opgaver?* og måske især et spørgsmål som dette: *Hvordan formidles mest formålstjenligt museets viden om kunstværkerne?* foruden fx spørgsmål til mere udpræget empirisk besvarelse vedrørende bl.a. faktiske brugere, brugersegmenter og potentielt publikum. Nærværende afhandling har selv tematisk affinitet til museologien i sin egenskab af at være meta-museologisk, hvilket her vil sige filosofisk reflekterende over kunstmuseets væsenskarakter.[xxiii] [xxiv]

Som den meste, hvis ikke al, anden forskning, kan museologien givetvis differentieres i normalvidenskab og nybrydende videnskab. I sin egenskab af normalvidenskab drives museologien inden for et bestemt, men dog immervæk muligvis rummeligt – eventuelt mere eller mindre centralt, muligvis også delvis gennem lov og/eller officiel forordning, fastlagt –, videnskabeligt (eller tilsvarende) paradigme og sikkert ofte med *formidlingsfunktionen* i fokus. Men den kan altså også være nybrydende, dvs., at den igennem mere eller mindre radikal, *forskningsbaseret* kritik af det gamle paradigme kan udkaste eller skitsere helt nye retningslinjer, normer og regler for museumsvirksomheden, eller mao.: udkaste et nyt paradigme for denne – fx kan dette nye paradigme bygge på en helt ny kunstkonception og en helt ny opfattelse af kunstens rolle på museet og i relation til publikum.[xxv]

Museologien – ekstern som intern – indgår som et integreret moment i kunstmuseets hele forskning, indgår ideelt set i uløselig forskningsmæssig forbindelse med den kunstvidenskabelige forskning, man kan sikkert sige: normalt med en særlig vægt på det formidlingsmæssige.[xxvi] Men det skal ikke overses, at, skønt kunsten selv, kunstvidenskaben og kunstbegrebet har principiel, om end ikke nødvendigvis praktisk, forrang på museet i forhold til formidlingen, så kan det ikke helt udelukkes, at fx forskning i formidling på sin side kan påvirke kunstvidenskaben og kunstbegrebet (fx er det ikke utænkeligt, at nogle publikumsreaktioner kunne give nye impulser i denne henseende). Påvirkningsforholdet mellem museologi, kunstvidenskab og kunstfilosofi er således i princippet reciprokt.

b. Formidlingen

Hvad er kunstmuseets formidling fundamentalt betragtet formidling af? Kunstmuseet medierer ikke kunstværket i sig selv, men *formidler derimod i princippet forskning i kunstværket og dets centrale relationer* (som næppe én gang for alle ligger helt fast; fx får et kunstværk nye relationer for hvert nyt kunstværk, der frembringes, og for hver ny kunstretning, som måtte opstå) *i henseende til dets kunstneriske form og indhold.* Kunstforskerne har nemlig ikke nogen direkte, mere eller mindre privilegeret adgang til, hvad kunstværket viser og siger, og derfor er de altså ikke formidlere af kunstværket i sig selv. Hvad der derfor formidles og er muligt at formidle, er beskrivelser, analyser, vurderinger og tydninger af kunstværket og de for værkforståelsen og -begribelsen centrale relationer.

Det, der skal formidles eller, om man vil, på et eller andet niveau og på en eller anden måde skal pædagogiseres, er følgelig *viden om billedkunsten og dens genstande*; det er billedæstetisk, kunsthistorisk og eventuelt (kunst)filosofisk viden, som museet skal formidle. I yderste loyalitet i første række over for billedet/objektet/installationen/konceptet mv. og med eksklusiv baggrund i den nyeste – eller rettere og ideelt set: bedste – videnskabelige forskning og eventuelt i filosofisk tydning[xxvii] må formidlingen finde sted. Dette er formidlingens ene pol i forhold til hvilken, der rettelig ikke kan gås på kompromis; en formidling, der således modsætningsvis måtte betyde en forsimplet fremstilling af kunstværkets form og indhold i bestræbelsen på at komme publikum i møde, yder næppe kunstværket tilstrækkelig retfærdighed.

Ikke desto mindre har kunstmuseet den vel at mærke legitime forpligtelse, at det skal formidle ikke blot til (andre) forskere, heller ikke blot til særligt kunstinteresserede eller til alment kunstinteresserede, ikke kun til almenkulturelt interesserede og ikke blot til alle voksne, men også til alle børn over en vis minimumsalder som led i disses dannelse og uddannelse. Dette er formidlingens anden pol, og den kan utvivlsomt let føre til et dilemma for kunstmuseet.

Det vel nok mest prekære problem, hvad angår formidlingen, er med andre ord: at formidle en kunst, som har krav på at blive formidlet i overensstemmelse med sit eget (høje) niveau, til ofte mere eller mindre forudsætningsløse museumsgæster. Findes der mon løsning på det? Nærværende skrift skal ikke prætendere at have konkrete løsninger på dilemmaet – eller på den spændende udfordring, som museumspraktikere muligvis vil foretrække at kalde det. Alligevel skal der her på et noget mere abstrakt plan og i al beskedenhed skitseres en mulig vej til en problemløsning.

Billedkunstens formidling kan givetvis med fordel henholde sig til værkernes forskellige 'lag'[xxviii]; noget er vel således mere umiddelbart tilgængeligt, som fx handling, former, figurer og farver, andet kan være mindre umiddelbart tilgængeligt, som symboler, ikonografi, kunsthistoriske og andre historiske referencer, og ontologisk indhold er antagelig som oftest endnu mindre umiddelbart tilgængeligt. I hvert fald bør også denne formidlingsform såvidt muligt tilpasses publikums niveau i henseende til kunstkyndighed og nok ikke tage hul på ret meget mere af stofgennemgang og -interpretation, end det pågældende publikum på kvalificeret grundlag formodes at kunne kapere. Samtidig må formidlingen dog være opmærksom på ikke at lukke sig om sig selv sådan at forstå, at fx det 11-årige skolebarn tror, at der ikke er mere at sige om billedet, end det nu har fået at vide på kunstmuseet. Tværtimod må den enkelte formidlingshandling og -seance i sig selv for den 11-årige åbne sig imod andre af værkets lag, der formodentlig ligger uden for barnets øjeblikkelige, forståelsesmæssige rækkevidde. De muligvis mere 'kunstmodne' 11-årige kunne henvises eller introduceres til de(t) relevante af disse øvrige lag – som altså naturligvis kan variere i art og antal ikke mindst efter, hvordan den enkelte kunstfrembringelse er beskaffen. I forbindelse med formidlingen kan museet uden tvivl med fordel alliere sig med bl.a. (kunst)pædagoger, psykologer og sociologer eller med forskningsresultater inden for disse områder.

Det er altså også en pointe i denne sammenhæng, at, ligesom kunstformidlingen kræver en indsats fra det kunstfaglige personales side for, at formidlingen principielt kan kaperes af alle, således kræver den formidlede (kunst)forskning på sin side også en indsats fra publikums side for at nå på erkendelseshøjde med den formidlede kunst eller i hvert fald så langt som muligt i denne retning. For som nævnt kan formidlingen ikke uden at 'forsynde sig' imod kunsten selv forsimple fremstillingen af den. Og naturligvis kan museet ikke være ansvarligt for den enkelte besøgendes forståelse af det formidlede, det kan udelukkende være ansvarligt for sin egen formidling. *Formidlingen er således en proces, der er præget af en form for gensidig forpligtelse, en proces under hvilken begge sider i sidste ende er forpligtet på stoffet, på selve kunstværket.*

Hvor og hvordan formidlingen skal foregå, er et spørgsmål, som kun meget dårligt lader sig besvare i almene vendinger; et dækkende svar må bero på de forskellige, sikkert som oftest ret komplekse, konkrete omstændigheder, bl.a. publikums sammensætning (dvs. målgrupper) og dettes eventuelle ønsker, det enkelte værks karakter og det kunstfaglige personales vurderinger og skøn. Man kan vel dog sige så meget, men kort, om, hvad formidling er som fænomen betragtet: Den strækker sig lige fra selve de udstillede værker (uden faglige kommentarer) over forskellige pædagogiske tiltag for børn til udstillingskataloger og kunsthistoriske (samt eventuelt kunstfilosofiske og æstetikteoretiske) afhandlinger i relation til museets værker.

D. Oplysning og/eller oplevelse på kunstmuseet?

Lad os her kort og foreløbigt resumere museets væsentlige opgave: Den må primært være at formidle kunsthistorisk og billedæstetisk erkendelse og i anden omgang eventuelt i videre forstand at formidle åndshistorisk og æstetisk-filosofisk erkendelse.

Dvs., at det at forsøge at give museets publikum stof til (kritisk) refleksion over ikke mindst kunsthistorie, billedæstetik samt den kunstneriske udlægning af menneskers tilværelse og dens grundlæggende og aktuelle, herunder sociale og socialpsykologiske, betingelser må være eller i hvert fald tilhøre museets kerneydelser.

I den forstand er museets opgave først og fremmest *at oplyse;*

men det har ikke til opgave at oplyse i illusorisk egenskab af Det Ophøjet Oplyste medium, der træder ensidigt belærende op over for den ikke eller kun lidet oplyste museumsbesøgende, eller, sagt på en anden måde, som så at sige træder op som Oplyst Subjekt over for de uvidende, billedkunstnerisk uoplyste 'objekter' i form af publikum, på hvilket der skal fyldes mere eller mindre uantastelig viden. Museets opgave i denne sammenhæng er derimod at søge at give et kvalificeret bud på interpretationen af aktuel kunst og aktualiseret kunsthistorie, som det almene publikum, undervisere og uddannelsessøgende (og vel i nogen udstrækning forskere) hver især optimalt kan tage stilling til på en basis af sin egen viden og erfaring. Der er således i grunden – eller ideelt set, hvis man vil – tale om en åben dialogsituation mellem museumsfagfolk og publikum, hvori det kunstfaglige personale på museet ikke apriori har ret, og i hvilken dialog parterne principielt er ligeberettigede, men hvor på den anden side det bedste argument i sidste ende bør gælde.

Men skønt museets fundamentale opgave i forhold til dets publikum må hævdes at være oplysning, kommer man dog ikke uden om, at publikums primære tilgang til billedet/objektet er den umiddelbare oplevelse.[xxix] Beskueren kan naturligvis have læst om billedet på forhånd, eksempelvis i anmeldelser, og dog kender vedkommende ikke i eminent forstand selve billedet, førend vedkommende med egne øjne selv har oplevet det – dette uagtet, at kunstoplevelsen aldrig kan være helt og fuldkommen umiddelbar: Beskueren møder altid op med for ham/hende bestemte bevidstheds- og for den sags skyld ubevidsthedsmæssige forudsætninger, der i en eller anden grad vil præge vedkommendes første perceptioner af billedobjektet. Men hvorom alting er: *Selve oplevelsen af billedet er og bliver en afgørende og væsentlig del af museumsbesøget.*

Et kardinalspørgsmål i denne forbindelse er imidlertid, om museets formidling med rette kan stoppe med den første, umiddelbare oplevelse af billedet – og formidling er der jo tale om allerede i og med, at det pågældende objekt er udvalgt, udstillet og set af besøgende? Da museet bare i mest muligt begrænset, uundgåeligt omfang – nemlig i og med selve udstillingens valgte fremtrædelse og de udvalgte, udstillede værker – kan og bør have en slags rigtigt nok kun meget temporær 'magt' over eller 'kontrol' med sit publikums erkendelsesproces, er den umiddelbare oplevelse af billedet – og beskuerens helt egen eventuelle bearbejdelse heraf – selvfølgelig formidlings- og oplysningsmæssigt fuldt ud legitim. Men som oftest vil der i oplysningshenseende være mere at komme efter end det, som en umiddelbar oplevelse i sig selv kan give, og i det mindste vil museets yderligere formidling sikkert kunne yde modspil til beskuerens egne opfattelser.

Alment kan man sige, at den umiddelbare oplevelse af kunstværket er en væsentlig del af museumsbesøget og den oplysning, som museet kan levere. Den kan imidlertid kun dårligt stå alene, idet erkendelsen af objektet snarere end den subjektive oplevelse af det bør være målet med formidlingen, men er immervæk billederkendelsens altovervejende udgangspunkt, lige såvel som erkendelsen af selve det enkeltstående billede er denne billederkendelses altovervejende formål.

E. Objektivitet og subjektivitet i kunstmuseets kunstforskning og -formidling

Billedkunstforskning er i hovedsagen undersøgelse af specifikke, videnskabelige objekter, og kunstformidling er mediering af disse, som nærmere betegnet er billedkunstobjekter og disses forskellige, væsentlige eller vigtige relationer. Det betyder, at forskningen og formidlingen må være loyale over for det, som primært er deres genstand, nemlig kunstværket – men også over for dets i undersøgelsen og formidlingen relevante relationer. Forskerens, nærmere bestemt dennes sansnings og tænknings, hengiven sig til værket så langt, som det overhovedet er muligt, er altså kunstforskerens (ideelt betragtet) første handling i forholdet til undersøgelsens genstand. Kunstforskeren er altså først og fremmest forpligtet på sin forsknings genstand, og det samme er museets kunstfaglige personale; med en anden formulering *har objektet principielt forrang for og i (kunst)forskeren og -formidlerens arbejde.*

Dette betyder imidlertid ikke, at nogen kunstforsker – lige så lidt som kunstneren selv – har privilegeret adgang til en fuldkommen og uforanderlig sandhed om objektet i sig selv, altså uden subjektiv tilføjelse; i den forstand er objektivitet ikke mulig, der vil altid være afstand imellem forsker og kunstfrembringelse. Objektivitet i relation til (kunst)forskning betyder netop så meget og så lidt som objektets primat. Forskeren møder således uvægerligt op med forskellige subjektive samt historisk og samfundsmæssigt prægede forudsætninger for sin forskning, og tilmed forandrer objektet selv sig principielt uforudsigeligt med tiden – eller rettere: objektets principielt uforudsigelige, historiske foranderlighed er et fremherskende (skønt ikke eksklusivt) moment ved objektet –, ikke mindst igennem sin relation til sine historiske omstændigheder. Ikke desto mindre må erkendelsessubjektet først og fremmest være gennemført loyalt over for sin genstand.

I modsætning til, hvad man måske skulle tro, og hvad der turde være en gængs opfattelse, går der imidlertid ikke noget fra erkendelsen, den bliver ikke nødvendigvis devalueret derved, at objektet ikke lader sig totalt gennemskue og beherske som sådant og ikke lader sig erkende uden subjektiv tilføjelse. For dels kan subjektet/forskeren givetvis ofte, og slet ikke uden et vist held, anstrenge sig for at gennemskue sine egne, subjektive forudsætninger og begrænsninger – der også i en eller anden grad let kan være præget af sociale strukturer –, hvad angår forståelsen og begribelsen af objektet, og derigennem nærme sig en mere adækvat erkendelse af objektet, herunder også af de grænser, som objektet selv sætter for sin erkendelse. Og dels er kunstobjektet konstitutivt åbent for subjektets (dvs. det subjekt, der i øvrigt selv på sin side også er et objekt med en egen, men ikke uforanderlig bestemmelse!) egen oplevelse, fortolkning og kritik; i og med, at værket og dets betydning ikke lader sig lægge fuldstændig fast, i og med at kunstværket substantielt betragtet så at sige er en i overvejende grad ubestemt, 'svævende' og delvis perspektivafhængig entitet, er der åbnet mulighed for subjektets aktive forholden sig til objektet, åbnet mulighed for, at subjektet aktivt kan 'spille med'. Denne 'spillen med' udgør, kan man sige, anden del af (kunst)erkendelsesprocessen – første del kaldte jeg ovenfor for 'forskningens hengiven sig til objektet' –, men stadig under iagttagelse af fuld respekt for det, som værket selv har at udtrykke.

Således må kunstformidlingens formål i denne henseende være viderebringelsen af den sandhed om objektet, der også indebærer et ikke ubetydeligt råderum for subjektiv oplevelse, fortolkning, vurdering og inspiration. Objektivitet og subjektivitet kan således ikke skilles ad, hverken i kunstmuseets forskning eller dets formidling, om end kunstobjektet altså rettelig må tildeles forrang.

F. 'Alvidende' eller interaktivt kunstmuseum?

Spørgsmålet i dette afsnits titel synes nærmest overflødigt nu til dags, for intet fornuftigt menneske eller museum vil vel nuomstunder prætendere at være alvidende eller noget, der ligner. Ikke desto mindre har noget, som i det mindste har affinitet til alvidenheden, utvivlsomt ofte tilforn været praktiseret som et centralt princip for kunstmuseets formidling og er det de facto muligvis stadig sine steder: Det kunstfaglige personale var ekspertisen, som vidste besked om kunsten og dens genstande, og som viderebragte denne viden til et, hvis man ellers kan sige det, ideelt set passivt absorberende publikum. Men selv om alvidenheden i dag turde være afskediget som museumsprincip, kan man dog dårligt komme uden om dette problem: Hvor holder eksperternes faglige og formidlingsmæssige kompetence i grunden op, og hvor må forståelsen af værkerne overlades til publikums egen, aktive indsats, eventuelt i en eller anden form for samarbejde eller samspil med museets fagligt kyndige?

Det urgeredes i foregående underafsnit om objektivitet og subjektivitet i kunstmuseets forskning og formidling, at der gives et anseligt råderum for subjektiv oplevelse, fortolkning, vurdering og inspiration i forhold til kunstobjektet, om end dette objekt må have forrang. Dette gælder altså i formidlingen såvel som i forskningen. Det vil også sige, at museets formidling bør lade meget stå åbent i sin formidling for publikums selvstændige undersøgelse og stillingtagen. Men det betyder desuden, at der er talrige måder for museer at lære publikum/den enkelte besøgende noget om kunst på og mange måder at fange publikums opmærksomhed på. Omvendt kan museet sikkert ofte også lære af publikums varierende respons på sine eventuelle, forskellige initiativer.

Alment gælder det, at kunstmuseets forsknings- og

formidlingsinitiativer principielt må have karakter af sådan noget som forslag og diskussionsoplæg, således også museets udstillingskataloger, -foldere og anden lignende forskningsformidling. Intet formidlingsinitiativ er i princippet hævet over diskussion – hvilket på ingen måde er ensbetydende med, at det ikke faktisk kan have endog meget betydelig værdi som formidling –: Den besøgende må ubetinget anses for og behandles som et – i det mindste potentielt, dvs. i sit anlæg, i sin 'bestemmelse', om man vil – uafhængigt og selvstændigt tænkende menneske, der til syvende og sidst selv må tage stilling. Desuden må udgangspunktet for formidlingsinitiativerne være den enkelte besøgende – og eventuelt også potentielle besøgende, dvs. alle danske borgere, udenlandske turister m.fl. –, som museet derfor må bestræbe sig på at imødekomme, hvor vedkommende ikke mindst videns-, erfarings- og interessemæssigt måtte befinde sig i forhold til billedkunsten i bredere almindelighed og i forhold til det enkelte værk.

G. Er et værdifrit kunstmuseum muligt?

Ethvert kunstmuseums og enhver kunstforskers teori og praksis i forhold til sit kunstneriske genstandsfelt har utvivlsomt mere eller mindre bevidste værdier eller normer indbygget i sig, ligesom enhver anden forskning og praksis givetvis har det. De statslige og statsanerkendte danske kunstmuseer har således allerede i *museumslovens* formålsparagraf fået pålagt en slags overordnet værdi, nemlig især, sådan som det i nærværende afhandling er set som en lovens logiske konsekvens, *kunstens aktuelle erkendelsesværdi.*

At fremhæve kunstens erkendelsesaspekt som centralt for de danske kunstmuseers hele virksomhed er nemlig ikke værdineutralt; man kunne alternativt, hvilket der da også findes historiske og åndshistoriske eksempler på, tilsvarende have betonet kunstens skønhed (som fx den græsk filosof Platon samt mange efter ham, og sikkert også før, gjorde det), katarsis, altså sindets renselse for meget stærke eller ligefrem voldsomme lidenskaber, der regnes for forstyrrende for sindsligevægten (som en anden antik, græsk filosof, Aristoteles), det interesseløse – i.e. det begærs- og sanselystfri – behag, den giver beskueren (som eksempelvis den tyske filosof Immanuel Kant i 1700-tallets anden halvdel), anskuelsen af 'Den absolutte Ånd' (som den ligeledes tyske filosof G.W.F. Hegel i 1800-tallets første årtier),[xxx] kunstens nationale danskhed eller generaliseret: kunstens udtrykte nationalfølelse (som fx nationalromantikere i 1800-tallet), dens moralitet (som for eksempel i oplysningstiden) eller noget andet. Når man alligevel kan hævde, at kunstens aktuelle erkendelsesværdi som norm betragtet adskiller sig temmelig afgørende fra alle andre normer, så fordi den æstetiske erkendelse ideelt betragtet også er selvkritisk og væsentligt set beskæftiger sig med, hvad der er ret udtryk for sagen. For såvidt som erkendelsen altså er en værdi eller ideologi, er den en sådan, som, i modsætning til al anden ideologi, der bygger på aksiomer eller tilsvarende, er i stand til at sætte spørgsmålstegn ved sig selv; kunne man således påvise, at ikke kunstens erkendelsesværdi, men derimod dens skønhedsværdi burde være kunstmuseernes norm, så måtte det på baggrund af just erkendelsesnormen anerkendes som det rette. Erkendelse er ikke et standpunkt, men er derimod (selv)kritisk tænkning.

Ikke desto mindre er emfasen af kunstens erkendelsesværdi at betragte som en norm, en såkaldt værdi, der, hvor den nu måtte have magt som den har agt, ville være i stand til at betyde udelukkelse eller minimering af andelen af den kunst på museet, som i dag anses for at være uden væsentligere æstetisk erkendelsesværdi, men som eksempelvis kan have en enestående høj skønhedsværdi eller tilsvarende dekorativ værdi. Desuden kan der selvsagt forekomme divergerende vurderinger af, hvad aktuel kunstnerisk erkendelsesværdi er.

H. Det eksperimenterende kunstmuseum

Kunstmuseet kan med al rimelighed være eksperimenterende på såvel forsknings- som formidlingsfeltet. Medarbejderne kan på basis af sin faglige kyndighed eksempelvis tilskynde en talentfuld, ung eller mere etableret, kunstner til at give sig i kast med at udvikle sin kunst, eventuelt med lovning på, at det pågældende museum vil udstille de(t) – forhåbentligt – kommende værk(er).

Eller museet kan omvendt være lydhør i forhold til kunstneres formodet nyskabende ideer og ønske om at udstille sin nye kunst på museet, uden at museet på forhånd har og er i stand til at have så meget mere end en rimeligt sikker fornemmelse af denne kunsts kvalitet. Den slags former for eksperiment eller kvalificeret prøvende fremgangsmåde kan kaldes forsknings- og erkendelsesrelaterede. De er så at sige affødt af (den moderne) kunsts – og som kunsten således også kunstmuseet i dets egenskab af kunstforvaltende institution – konstitutive søgen hen imod det æstetisk nye, hen imod det ikke fuldstændigt gennemprøvede og sikre, men altså tværtimod det mere åbne og usikre. *Og ligesom kunsten er det moderne kunstmuseum metodisk de facto henvist til 'Trial and Error'-metoden, til at prøve og (eventuelt) fejle med påfølgende forbedring for øje.*

Blot at registrere eller principielt forholde sig registrerende i forhold til faktisk foreliggende kunst synes således i dag hverken at være i overensstemmelse med kunstens eller dens museums væsentlige karakter – foruden de anselige praktiske samt aporetiske teoretiske problemer, den blot registrerende museumspolitik ville give; det er således svært at forestille sig det kunstmuseum, der ville kunne tage al kunst inden for sit område ind, og for så vidt det ikke kunne det, efter hvilke kriterier skulle der da udvælges kunst til museet? Kunst er derimod erkendelse, der bevæger sig, og denne bevægelse bør museet uden tvivl understøtte, også igennem sit eget initiativ og sin egen aktive handling.

Kunstmuseet kan, ja er nærmest henvist til, også at eksperimentere i forhold til og i selve sin formidling; fx kan der dårligt gives faste regler for udstilling af et bestemt billede, og mht. eksempelvis publikums modtagelighed over for kunsten generelt eller et bestemt kunstværk er der en del ukendte faktorer, i forhold til hvilke museet kan foretage undersøgelser, evt. videnskabelige, og prøve sig frem. At eksperimentere i forhold til og i selve formidlingen kan gøres på utallige måder og niveauer, som i høj grad er afhængige af og op til det enkelte museum, og er i vor tid en selvfølgelig og fortløbende, vel så at sige ustandselig, proces. Hvad angår publikums eventuelle kritik af formidlingen, kan den med god grund anses for at være en integreret del af formidlingsprocessen, uagtet at den altså måtte komme 'udefra'.

I. Nationalt eller universelt kunstmuseum?

Al kunst og altså også billedkunsten taler væsentligt om alting og til alle mennesker i et eller andet omfang, om så også temaet umiddelbart synes at være det mindste og mest ubetydelige, nærmere bestemt: *kunsten siger aldrig alt, kan aldrig sige eller forstå alt om noget, og dog omfatter den alligevel alt.* Det er et paradoks, som også kan kaldes for en dialektisk bestemmelse ved kunsten. Den stræben, som findes inhærent i kunsten, efter æstetisk erkendelse af det levende og det ikke-levende, uorganiske, for dets egen skyld, og den fundamentale omsorg for, medfølelse med og kærlighed til verden, som sådan stræben, om så også i rudimentær skikkelse, nødvendigvis indebærer, betyder, at kunsten ikke med rette konstitutivt kan være partikularistisk i nogen forstand og således heller ikke kan være eksklusivt national; kunsten kan kun dårligt være eksklusiv i den forstand, at den lukker nogen eller noget endeligt ude fra 'det gode selskab'.

Det betyder dog ikke, at kunsten ikke med al ret kan bære præg af – ja den kan utvivlsomt dårligt lade være at være præget af – det geografiske område, det være sig større eller mindre, nationalt eller lokalt, hvor det er blevet til, hvor kunstneren bor, eller i hvilket kunstneren har haft sin opvækst, eksempelvis. Men uanset dette er kunstens, altså også den i den netop nævnte forstand 'nationale' eller 'lokale' kunsts, iboende intention universel – uden at kunsten som sådan dog synes i stand til at skrive under på noget *politisk* universalistisk manifest, program eller lignende, fx en menneskerettighedserklæring, hvor meget kunstneren end som samfundsborger måtte sympatisere med en sådan manifestation.

Her må det imidlertid atter en gang understreges, at det ikke er og ikke kan være ærindet med dette essay at præstere en færdig definition af kunsten. Så hvis nogen kunstner ønsker at lave sådan noget som nationalt eksklusiv kunst eller politisk kunst, må der ses så fordomsfrit som muligt på resultaterne af kunstnerens arbejde, der måske alligevel, trods den partikularistiske forhåndserklæring og eventuelle 'indpakning' eller tilsynekomst, kunne rumme noget æstetisk værdifuldt. Ikke desto mindre lader det til at måtte fastholdes, at kunst kun meget dårligt lader sig forene med partikularistiske budskaber af lige meget hvilken observans, disse måtte være.

I den institutionelle, museale, arbejdsdelte kunstverden kan et kunstmuseum helt legitimt have specialiseret sig i fx dansk kunst fra en given periode og med et programmatisk udtalt eller billedkunstanalytisk afdækket fællespræg. For at dette afgrænsede kunstområde imidlertid skal have relevans, forekommer det at kræve for det første en fremherskende universel tendens i museets værker eller i hvert fald i dets forskning, og for det andet, at værkerne har et internationalt, i nutiden gyldigt niveau eller i det mindste, at de på en relevant måde af museets forskere og formidlere sættes i relation til det til enhver tid gældende internationale niveau.

J. Teser – eller: Stærkt kondenseret resumé af undersøgelsen af kunstmuseets formål

De resultater, som den foreliggende afhandling er kommet frem til, hvad angår kunstmuseets væsentlige formål, lader sig i stærkt fortættet form fremstille i denne gestalt: *Kunstmuseets primære arbejdsområde er aktuel – men ikke nødvendigvis aldersmæssigt ny – kunst, dvs. kunst, der har en i første række direkte, emfatisk, billedkunstnerisk erkendelsesværdi i dag. Billedkunsten forholder sig til det guddommelige/'det guddommelige'/det metafysiske/det historisk 'metafysiske'/det andet i en eller anden – sakral eller sekulær – forstand, det være sig positivt eller negativt, og museet formidler denne kunst på forskningsmæssig basis. Kunstmuseet formidler i princippet (sin egen eller andres) forskning i kunstværket og dettes centrale relationer. Formidlingen er en proces, der er præget af en form for gensidig forpligtelse, en proces under hvilken begge sider i sidste ende er forpligtet på stoffet, på selve kunstværket. Det at forsøge at give museets publikum aktuelt stof til (kritisk) refleksion over ikke mindst billedæstetik, kunsthistorie samt den kunstneriske udlægning af menneskers tilværelse og dens grundlæggende og aktuelle, herunder sociale og socialpsykologiske, betingelser må være eller i hvert fald tilhøre museets kerneydelser. Oplevelsen af selve den (visuelle) kunstfrembringelse er og bliver dog en afgørende og væsentlig del af museumsbesøget.*

KAPITEL 4

SAMFUNDET OMKRING KUNSTMUSEET

A. Forbemærkning

Kunstmuseets opgave består ikke mindst i at forske i og formidle kunst, der har en emfatisk, billedkunstnerisk erkendelsesværdi i dag. Men ud over denne væsentlige bestemmelse af kunstmuseets aktuelle sociale funktion, som i høj grad også bekræftes i museumsloven, indgår kunstmuseet tillige i andre sociale relationer, hvoraf nogle af de vigtigere kort vil blive behandlet i dette kapitel.

B. Mulige, (især) lokalpolitiske forventninger til kunstmuseet

De statsanerkendte museer i Danmark finansieres i udstrakt grad igennem kommunale midler, hvilket kan betyde, at den pågældende kommune kan have nogle forventninger til det relevante museum, som ikke nødvendigvis korresponderer gnidningsfrit med museets hovedopgave. En passant kan noget tilsvarende siges angående eventuelle ministerielle forventninger i form af fx resultatkontrakter.

De kommunale forventninger kan gælde sådan noget som det, at museet arbejder sammen med andre kulturelle institutioner i kommunen – eller eventuelt regionen eller tilsvarende – som eksempelvis symfoniorkester, opera, teater og/eller bibliotek. Den slags eventuelt kommunalt ønskede samarbejdsrelationer udspringer imidlertid ikke altid, ja måske endog sjældent, af en indre nødvendighed i det kunstmuseale virke og må derfor principielt anses for at have sin oprindelse i væsentligt udefra kommende forventninger.

Det kan endvidere dreje sig om forventninger til samarbejde med uddannelses- og forskningsinstitutioner. Forventningerne i den retning synes, som det turde være fremgået af essayets tidligere kapitler, i betydeligt omfang relevante; men det må igen understreges, at samarbejdet må have sin rod i kunstmuseets centrale funktion, langt snarere end i forventninger af ekstern proveniens.

Hvad angår samarbejde med turismeorganisationer, må sagligt og fagligt set gælde tilsvarende forholdsregler, nemlig at samarbejdet ikke bør underminere – naturligvis uintenderet – museets iboende, væsentlige formål. Dette sidste må gælde som en generel norm for samarbejdet mellem kommune og andre offentlige myndigheder på den ene side og museet på den anden.

Den øgede konkurrence i landets kommuner efter den seneste kommunesammenlægning bl.a. (kunst)museer imellem – dvs. flere museer i konkurrence om tilskud fra en ny og større kommune, hvor der tidligere i en del tilfælde måske blot var ét kunstmuseum i en kommune og altså ingen konkurrence, i det mindste ikke fra andre kunstmuseer – kan temmelig nemt bl.a. få den konsekvens, at museerne med rette eller urette føler sig yderligere presset af kommunale forventninger – som ganske vist anskuet i rent kommunalpolitisk perspektiv kunne synes rette og rimelige.

C. Om relationen mellem den samlede, arbejdsdelte kunstmuseumsverden og det specialiserede kunstmuseum

De statslige krav til de statslige og statsanerkendte museer er især formuleret i museumsloven, som vi tidligere har behandlet på udvalgte punkter. Her skal yderligere blot fremhæves – foruden det almene, at staten i disse år stiller skærpede krav til museerne på alle områder: forskning, formidling, ledelse, internationalisering mv. – det krav om (et vist mål af) arbejdsdeling og specialisering museerne imellem, hvad angår værkernes geografiske proveniens, deres tematik, periode mm., der, skønt relativt blødt så dog umisforståeligt, er formuleret i museumslovens §13:

> ”Kulturministeren kan statsanerkende et museum som tilskudsberettiget med henblik på, at museet kan indgå med et

ansvarsområde i det landsdækkende museumssamarbejde, jf. §2, stk.2"

(denne sidstnævnte paragraf handler om, at museerne skal samarbejde om sine fem kardinalopgaver, altså indsamling, registrering, bevaring, forskning og formidling).

Det ønskes på den måde fra centralt, lovgivende hold, at det enkelte museum specialiserer sig. En sådan specialisering og arbejdsdeling forekommer et langt stykke ad vejen fornuftig. Dog synes en vis *konkurrence mellem kunstmuseerne på smag* og dermed en vis overlapning mellem museers genstandsfelter at være hensigtsmæssig – og to museers værker vil jo i øvrigt på det nærmeste altid være forskellige, så en overlapning mellem to identiske værker vil der kun yderst sjældent kunne blive tale om, hvis nogensinde. Uden denne art af konkurrence kunne kunstens mangfoldighed og især vel den kunst, som ikke er så meget oppe i tiden, lettere blive svigtet, og en til en sådan manglende konkurrence svarende, og med ikke ringe sandsynlighed temmelig ensrettende, bureaukratisering af den samlede (danske) museumsverden i form af overvejende centralt bestemt og styret, rigid arbejdsdeling ville næppe være særligt ønskelig, set i et kunstnerisk og kunstfagligt perspektiv, om end den af andre, national- og kommunaløkonomiske samt overordnede, museumsadministrative grunde måske kunne forekomme tillokkende.

D. Sponsorer, fonde med flere

Især, men ikke kun, dele af det private erhvervsliv sponserer kunstmuseer i et vist, vel som oftest relativt mindre, men alligevel ikke ubetydeligt omfang, ligesom bl.a. private fonde støtter museer. Og selv om der ikke bliver stillet krav til kunstmuseer fra sponsorers og andre private 'mæceners' side, kan det dårligt udelukkes, at museer kan føle sig foranlediget af en tilskyndelse til at være på den sikre side, i forhold til fx forlængelse af sponsorat, til at gå på kompromis med sit væsentlige virke. Vil sponsorerne mon således forlænge sine sponsorater, dersom en – kunstfagligt set sober eller gedigen – udstilling får en mindre favorabel omtale i eksempelvis medier? Måske. Eller måske for nogles vedkommende. Eller måske ikke. Det afgørende spørgsmål kunne således synes at være: Tør museets ansvarlige tage risikoen for at miste sponsor- og anden støtte? Dog ville det uden tvivl være utidigt her at plædere for museumslederes og andet kunstfagligt museumspersonales heroisme eller høje moral i embeds medfør bortset fra, at det vel vil være på sin plads, at man i hvert fald fra den side til hver en tid taler kunstens sag. Men det skal altså ikke overses, at pragmatiske hensyn kunne gøre, at museumsfolk til en vis grad kunne komme i en situation, hvor det måtte forekomme rimeligt at gå på kompromis med kunstens egne krav. Et hypotetisk dilemma for en museumsleder kunne således se sådan ud: Får vi ingen sponsorpenge, får det som konsekvens, at vi ikke længere har noget museum, og hvad foretrækker vi så: et museum næsten, men ikke helt, som vi ønsker det, eller slet intet?

E. Nogle samtidige sociale og social-mentale tendenser i korte træk

Ud over det, at kunstmuseerne flest vel nok i dag i højere grad end i de foregående adskillige årtier er henvist til den almindelige økonomiske konkurrence, og ud over den nedskæringspolitik i forhold til især offentlige og delvis offentlige institutioner og tilsvarende, hvorom der vel i skrivende stund er udbredt konsensus blandt Folketingets partier,[xxxi] skal her blot nævnes et par af de tidens tendenser, som kan have indflydelse på den almene befolknings – og utvivlsomt også en del politikeres – holdning til museerne.

Der findes for det første i tiden en dominerende tilbøjelighed til det her og nu praktisk nyttige og det materielt komfortable. Denne tilbøjelighed kan alt andet lige dårligt nok kaldes gunstig i forhold til kunsten, kunsthistorien og dermed kunstmuseerne, som ikke frembringer hhv. fremviser noget nyttigt og umiddelbart anvendeligt, medmindre de relevante artefakter er dekorative, hvad der kun dårligt kan kaldes et væsenstræk ved kunsten, uagtet at det dekorative ikke nødvendigvis er uforeneligt med det kunstneriske.

For det andet synes det at være en tendens at give den blotte mening forrang frem for viden og grundig erkendelse om ting og sager, kunst og begreber. Det er en tendens, der ikke rimer særlig godt med et erkendelsesmedie som billedkunsten, men som derimod vel nok snarere går i retning af at reducere kunsten til skønne udtryk og til det, der blot bibringer den enkelte et umiddelbart behag, idet tendensen generelt kan synes i videst muligt omfang at ville undgå det besværlige og ubehagelige, ikke mindst når det gælder intellektuelle og hvad man kan kalde sjælelige områder.

Man kan dog ikke af ovenstående slutte, at der i dag ikke findes nogen større potentiel interesse for billedkunsten, en interesse, som også kunne komme museerne til gode. Interesse for billedkunsten findes givetvis, delvis manifest, men nok i højere grad latent – således er den generelle interesse for det visuelle og for billedlige udtryk i dag meget betydelig, ja måske større end nogensinde –, men det kræver uden tvivl en betydelig og bevidst pædagogisk indsats ikke kun fra museernes, men også fra bl.a. (andre) uddannelsesinstitutioners side med henblik på at hjælpe med til at realisere denne interesse hos betydelige dele af publikum – herunder det potentielle –, hvis vilje og indsats naturligvis er det udslagsgivende i denne forbindelse. Med '*bevidst* pædagogisk indsats' refereres der her især til bevidstheden – som må danne grundlag for det videre arbejde med formidlingen – om de forventninger, den besøgende kommer med.

KAPITEL 5

KOMMENTAR TIL ESBJERG KUNSTMUSEUMS *ARBEJDSPLANER 2011-14*

Esbjerg Kunstmuseums arbejdsplaner for perioden 2011-14[xxxii] giver et tydeligt, generelt indtryk af en ganske nytænkende, initiativrig, dynamisk, eksperimenterende og eksperimentvillig institution, hvad angår kunstvidenskabelig, kunsthistorisk og museologisk forskning såvel som institutionens formidling.[xxxiii] Planerne genspejler ligeledes tydeligt museets interesse for moderne kunst og samtidskunst, altså for kunstens aktualitet – en interesse, der så at sige er 'medfødt' al den stund, museet har netop det 20. århundredes kunst og samtidskunsten som "ansvars- og satsningsområde" (2).

Der synes ikke nødvendigvis at være væsentlige divergenser mellem denne studies almene del (kapitlerne 1-4) og museets trykte arbejdsplaner. Et par detailkommentarer giver disse sidste dog anledning til:

1. Som en af museets visioner for perioden angives dette at "iværksætte/deltage i kunstnerisk grundforskning" (1). Her kan man stille det spørgsmål, om kunst overhovedet er forskning, og hvis ja, da i hvilken forstand og i hvilken grad.

Der kan dårligt være tvivl om, at fx farve- og lyslære samt forskning i farve- og lysforhold og andet, som ligger hinsides denne forfatters faglige indsigt, spiller en vigtig rolle for billedkunsten, en forskning, som kunstneren kan indgå aktivt i, eventuelt i samarbejde med naturvidenskabsfolk. I denne forstand findes der uden tvivl noget, som lader sig kalde kunstnerisk forskning eller måske snarere kunstnerisk direkte relevant forskning. Billedkunstneres hovedopgave i denne forbindelse forekommer imidlertid langt snarere at være den at vurdere, om overhovedet og i givet fald hvordan disse forskningsresultater – der vel at mærke sagtens kan have rent *videnskabelig* gyldighed – måtte have en påkrævet eller ønskværdig fornyelse af billedkunsten til følge, og den enkelte kunstner må vurdere, om (de i øvrigt videnskabeligt gyldige) forskningsresultaterne har nogen betydning for netop hans billede(r); det er muligt, at bestemte forskningsresultater ikke har nogen relevans for hans værk, men derimod har det for en andens, det er en rent kunstnerisk afgørelse, ikke en videnskabelig. Kunstnerne må med andre ord vurdere forskningsresultaterne ud fra kunstnerisk-æstetiske kriterier og ikke ud fra det rent videnskabelige nybrud; kunstneren kan bruge de nye resultater af forskningen, sådan som han finder det kunstnerisk godt. Således er kunstneren ikke forpligtet af hverken tyngdelov eller anatomisk korrekthed; videnskab vil aldrig kunne fortælle kunstneren, hvordan vedkommende skal lave sin kunst, men kunstneren må naturligvis kende videnskaben, så at sige være på omgangshøjde med den for at være i stand til at forholde sig kunstnerisk til den. Videnskabens rolle er med andre ord forskning, mens kunstneren på sin side ideelt set tyder og forholder sig selvstændigt til bl.a. forskningsresultater på baggrund af æstetiske, herunder subjektivt-æstetiske, kriterier.[xxxiv]

2. "Museet vil (.) arrangere udstillinger (…), som fremsætter nye teser som visuelle argumenter" (2).

Her kan indvendes, at det udstillede værk substantielt set og dermed også i udstillingssammenhæng primært har status af *selv at være sin egen 'tese' og dermed sine egne 'argumenter'* [xxxv] *for denne.* Således taler man gerne om 'form*sprog*' og 'billed*sprog*' i forbindelse med billedkunstfrembringelser, hvilke betegnelser, trods deres rigtignok delvis metaforiske eller analogiske indhold, dog tydeligt nok angiver, at frembringelsen ikke kun er af en ubestemt karakter, men tillige er et bestemt *udsagn*, der som sådant altid ikke blot åbner et felt, men samtidig også lukker det samme felt, hævder noget bestemt – 'sætter noget (fast)', hvilket netop er betydningen af ordet tese –, og dermed afgrænser sig over for andre kunstværker og -retninger; værket vil altid sige noget og ikke noget andet, bekræfte noget og modsige noget andet, hvilket er det samme som det, at ethvert kunstværk er en art 'tese' med iboende argumenter for sin egen plausibilitet for ikke at sige for sit eget sandhedsindhold. Selv det sprogligt ret meningsløse (dadaismens) 'dada' lader sig kun fatte i sin sig selv afgrænsende modsætning til det, der ikke er 'dada'; 'dada' respektive det dadaistiske kunstværk er altså i sig selv at begribe som teser. Modsætningsvis ville en kunstfrembringelse, der udelukkende åbnede et felt og ikke samtidig lukkede det, være helt uden bestemmelse, uden nogen grænse, uden form og indhold og dermed være intetsigende, måske nok i grunden ligegyldigt – hvilket dog på den anden side også er en bestemt position, en 'tese' (!) i forhold til den form- og indholdsrige frembringelse; form- og indholdsløshed befrier således ikke et kunstprodukt fra det at være en 'tese'. Ethvert kunstværk er mao. sin egen 'tese' og sit eget 'argument', som det ikke går at ignorere. At et kunstværk har en basal åbenhed i sig er på ingen måde ensbetydende med, at det ikke står i et ofte skarpt modsætningsforhold til andre kunstværker; og i og med at værket står i et sådant modsætningsforhold, hvad det nødvendigvis gør, er det at betragte som en 'tese', en bestemt position, der har sin 'argumentation' iboende i sig selv. Det udstillede værk kan naturligvis alene i og med, at det har opnået at blive udstillet, siges at være argument for en museumstese, nemlig den, at værket er billedkunstnerisk relevant; den udstillede frembringelse vil altså altid allerede på sæt og vis være et argument for en tese, eksplicit fremsat eller implicit i det udstillede og blot tænkt af museet/kurator, det kan ikke undgås. Ikke desto mindre bør så meget som muligt i denne henseende uden tvivl overlades til billedet selv og beskueren;

billedet synes indlysende ikke først og fremmest at skulle anskueliggøre og argumentere for kurators tese, det er derimod utvivlsomt grundlæggende at betragte som sin egen 'tese' og sit eget 'argument' for denne 'tese'. Derfor bør den udstillingsmæssige formidling af billedet givetvis først og fremmest være en vejledning, der åbner for billedet selv og dettes egen 'tese' og 'argumentation'. Men det er en balancegang, for som nævnt kan udstillingsbilledet dårligt helt undgå til en vis grad at være argument for museets tese, ja museet har tilmed al legitim ret til at operere med sin egen tese til benefice for publikum; men principielt må billedet i egenskab af sin egen 'tese' og sine egne 'argumenter' herfor have forrang. Under alle omstændigheder bør museets tese ikke lukke af for billedets egne tydningsmuligheder; tværtimod bør den medvirke til at åbne dem uden imidlertid at legitimere vilkårlig tydning.

ABSTRACT IN ENGLISH OF THE CENTRAL THESES

The results concerning the substantial purposes of the art gallerys in general, at which the present treatise has arrived, let themselves expound in the following manner: *The primary working field of the art gallery is art of current interest, that is art, which first and foremost possesses a direct, emphatic, visually artistic knowledge value of today, and so it's not necessarily the chronologically newest art. Visual art adopts in some sense an attitude to the divine/'the divine'/the metaphysical/the historically 'metaphysical'/the otherness, this consequently may be secular or sacred. And the art gallery communicates this art on a basis of scientific research. In principle the art gallery is communicating (its own or others') research concerning the specific works of art and their more important relations. The communication is a process marked by a kind of reciprocal commitment, a process committing the spectators as well as the pedagogical staff of the art gallery to the work of art itself. The attempt to give the spectators currently relevant material for critical reflections on especially visual aesthetics, the history of art, the artistic interpretation of human life and its fundamental and topical conditions, these including the social and socialpsychological ones, has to be more or less the core contribution of the art gallery. At any rate the experience of the visual work of art is a crucial and substantial part of the visit to an art gallery.*

LITTERATUR

Adorno, Theodor W. (1970): *Ästhetische Theorie i Gesammelte Schriften,* bind 7, Frankfurt am Main

Adorno, Theodor W. (1973): *Die Aktualität der Philosophie* i *Gesammelte Schriften*, bind 1, Frankfurt am Main

Becker, Annesofie (2012): *Værkstedet* i Jørgen Gammelgaard et al. (red.): *Gerda Thune Andersen. Værk og Værksted*, Hjørring

Brüel, Sven et al. (1993): *Fremmedordbog* (Gyldendals røde), København

Christensen, Hans Dam et al., red. (2004): *Museernes historie og teori, København*

Esbjerg Kunstmuseum v/Inge Merete Kjeldgaard (2010):

Arbejdsplaner 2011-14, www.kulturarv.dk

Esbjerg Kunstmuseum (u.å.): *Love for Esbjerg Kunstforening og vedtægter for Esbjerg Kunstmuseum*, Esbjerg

Esbjerg Kunstmuseum (2013): *Vis-a-vis 2 2013*, Esbjerg

Ingemann, Bruno og Ane Hejlskov Larsen, red. (2005): *Ny dansk museologi*, Aarhus

Kant, Immanuel (2005): *Kritik af dømmekraften*. Oversat til dansk af Claus Bratt Østergaard. Frederiksberg

Karker, Allan (1989): *Politikens Synonymordbog*, København

Kulturarvsstyrelsen (2007): *Kvalitetsvurdering af Esbjerg Kunstmuseum*, www.kulturarv.dk

Kulturministeriet (2003): *Udredning om bevaring af kulturarven,* www.kum.dk

Kulturministeriet (2006): *Udredning om museernes formidling,* www.kum.dk

Kulturministeriet (2006): *Museumsloven af 14.12.2006*, www.retsinformation.dk

Kulturministeriet (2009): *Forskningsstrategi for Kulturministeriets område*, www.kum.dk

Kulturministeriet (2011): *Udredning om fremtidens museumslandskab,* www.kum.dk

Kulturministeriet (2012): *Lov om ændring af museumsloven af 23. december 2012*, www.retsinformation.dk

Volpi, Franco og Julian Nida-Rümelin, udg. (1988): *Lexikon der philosophischen Werke*, Stuttgart

www.eskum.dk (Esbjerg Kunstmuseums hjemmeside)

i Citatet tilskrives den norske maler Edvard Munch (1863-1944).

ii (Kunst)værkbegrebet skal ikke tematiseres her, blot skal det nævnes, at også det har affinitet til det sakrale felt, jævnfør det religiøse begreb *skaberværk*.

iii Det kan måske hævdes, sådan som det fx blev gjort af romantisk tænkning i 1800-tallet, at musik og poesi formmæssigt i højere grad er 'født' som sådan noget som ubestemte eller 'svævende' kunstformer end billedkunsten, der jo i og med billedformen turde have fastere konturer. Ikke desto mindre må i hvert fald billedkunstens aktuelle bestræbelse gå i samme relativt ubestemte retning som musikkens og poesiens – en bestræbelse, som den utvivlsomt også indløser.

iv Man kan dog i kunsthistorien finde eksempler på, at mennesket tilregnes rollen som verdensbehersker, således nok ikke mindst i den såkaldte socialistiske realisme i den tidligere østblok. Imidlertid fortjener denne 'kunstform' og stilart måske snarere betegnelsen propaganda eller lignende.

v At også kulturhistoriens overleverede artefakter tilregnedes en art hellig status ved den moderne museumsinstitutions opkomst i begyndelsen af det 19. århundrede, kan siges at være indbygget i romantikkens dyrkelse af (nationens og folkets) historie som guddommeligt indstiftet, indgivet og styret. Kunsten og kunstneren kan imidlertid siges at repræsentere en potensering af denne apoteose som dennes højeste form, der ansås for at fremstille selve det guddommelige (som den tyske filosof G.W.F. Hegel (1770-1831) kaldte for *Den absolutte ånd)* i anskuelig form.

vi Museet er dog ikke nødvendigvis strengt geografisk begrænset i dag, fx til en bestemt bygning; dets genstande kan eksempelvis også udstilles i lokalsamfundets gader og på dets pladser.

vii Betegnelsen *museums* historiske vinden hævd er vel altså, måske i grunden i mindst lige så høj grad som af antikken, præget af 1800-tallets romantiske periode med dennes almindelige forståelse af kunsten som guddommelig og af kunstneren som gudbenådet geni. Derforuden har nyklassicismen fra slutningen af 1700-tallet sikkert også spillet en rolle i henseende til museumsbetegnelsens vinden hævd. De historiske begrundelser for hhv. romantikkens og nyklassicismens opkomst vil dog ikke blive tematiseret i dette essay.

viii *'Det guddommelige'* (i anførelsestegn) henviser til en mere vag, ubestemt forståelse af noget for mennesker grundlæggende ikke helt begribeligt og beherskeligt, end *Det guddommelige* (uden anførelsestegn) gør. *Metafysik* forstås her som en eviggyldig orden, der ligger til grund for fremtrædelsernes verden, men som ikke nødvendigvis har en gud som sit øverste princip.

ix Af eksempler på kunstneriske og/eller litterære retninger med dette sidstnævnte karaktertræk tør måske nævnes (en vis) eksistentialisme, absurdisme og Nietzsche-inspireret kunst.

x Den tyske filosof Immanuel Kants (1724-1804) begreb *'das Erhabene' ('det ophøjede')*, der ofte oversættes til dansk med *'det sublime'*, kan siges at være en form for forståelse af det guddommelige, og den finder endnu i dag en næppe så ubetydelig tilslutning. Begrebet 'det sublime (kunstværk)' refererer til, at fx et maleri med føje kan fremkalde en følelse af *ærefrygt* hos betragteren igennem sin fremstilling af ikke mindst utæmmet, rå og i forhold til mennesket overmægtig natur. Ofte nævnes Caspar David Friedrichs billede *Vandreren over tågehavet* (1818) som eksempel på et sublimt kunstværk. Kant udfolder sin fremstilling af begrebet i sit æstetikfilosofiske hovedværk *Kritik der Urteilskraft* (1790, oversat til dansk af Claus Bratt Østergaard med titlen *Kritik af dømmekraften)*.

xi Anførelsestegnene omkring ordet *metafysisk* angiver, at det væsens- eller essensindhold, som al metafysik postulerer, for denne metafysikopfattelse er af historisk foranderlig karakter. Se også note xii.

xii Kant taler således også i sin erkendelsesteori om æstetik som sansemæssig erkendelse.

xiii Den såkaldte konceptkunst synes at bryde med forestillingen om billedkunst som sansekunst, idet den giver kunstnerens idé primat i forhold til materiale og det konkrete, frembragte objekt, der ovenikøbet tendentielt af mange konceptkunstnere betragtes som dematerialiseret; i grunden sættes filosofien, tanken, sproget her over det kunstneriske sanseobjekt, in casu billedet. Denne tanke er dog ikke ny i den vestlige kultur- og kunsthistorie; således giver kristendommens historie flere eksempler på ikonoklasme, billedstorm, fx i den byzantinske periode og under reformationen – man tog altså her radikal afstand fra (det religiøse) billede til fordel for Ordet og imod afguderi og begrænsning af Guds væsen, som blev anset for ubegrænset. Og den tyske filosof GWF. Hegel (1770-1831) satte filosofien over kunsten, idet han betragtede kunsten som en slags mindre fuldkommen eksemplifikation af den filosofiske sandhed. Konceptkunsten fra 1960'erne og 70'erne må imidlertid i høj grad anses for at være en kunstens selvbesindelse og polemik imod kunstens varekarakter og et forstenet, selvhøjtideligt, snobistisk og mere pengefikseret end kunst- og erkendelsesinteresseret kunstliv, snarere end at det er en vending væk fra kunsten som materiel og sanselig. Ved at lægge hovedvægten på kunst som (kunstnerens) idé tog man afstand fra *værket* som noget særlig ophøjet og kostbart – ofte brugte man fx billige og/eller hverdagsagtige materialer –, som noget eviggyldigt og nærmest guddommeligt skabt, og som noget, der i grunden var uafhængigt af sin omverden, af sin kontekst og af kunstneren selv og hans liv. Det synes således som om, at konceptkunsten ikke så meget vil billedkunsten som sanselig kunst til livs – hvorfor ellers fastholde kunsten og kalde sig kunstner snarere end filosof? – som den vil have skovlen under kunstlivets bytteværdi- og pengefetichisme, apoteosen af 'værket' og hele forløjetheden omkring kunsten og kunstneren, selv om man hos visse repræsentanter sporer en vis forkærlighed for en intethedens filosofi og for en billedkunst, der ligger i forlængelse af det, som den danske digter (og i øvrigt ganske billedkunstkyndige) Per Højholt (1928-2004) med titlen på en af sine poetikker kalder for 'intethedens grimasser'. Derforuden får man osgå øje på inspiration fra og affinitet til strukturalismen, den sene Ludwig Wittgenstein (1889-1951) og Martin Heidegger (1889-1976). Men det forekommer at måtte fastholdes, at konceptkunsten er (billed)kunst, snarere end den er filosofi, at den overvejende ikke sætter sig ud over en vel at mærke reflekteret, (omverdens)bevidst kunstens autonomi, og altså ikke betragter kunsten som eksemplificerende filosofiske, begrebsmæssige, abstrakte pointer. Den (æstetiske) filosofi, der omhandler kunsten, må således stamme fra kunsten selv og ikke udefra, fra refleksioner over det kunstneriske artefakt med udgangspunkt i dette selv; begrebet om kunst må være kunstens eget, immanente begreb.

xiv Snarere end om videnskabelig undersøgelse af bestemte sagsforhold drejer kunsten sig om (den historiske) væsenstydning af verden i anskuelig, ikke-begrebslig form; derfor er dens erkendelse mere end med videnskabelig forskning i slægt med filosofi, der kan siges at have (den historiske) væsenstydning i begrebets form som sit formål.

xv Adorno (1970), s. 188. Theodor W. Adorno (1903-69) var jødisk-tysk og æstetikteoretiker, filosof og sociolog samt desuden komponist.

xvi Det er sikkert i en sådan sammenhæng, den franske forfatter Paul Valèrys (1871-1945) angivelige idiosynkrasi i forhold til museumsinstitutionen skal forstås, når det i en lille artikel af Annesofie Becker nævnes en passant, at: *"Paul Valèry tålte ikke museerne, fordi de tog livet ud af kunstværkerne"* (Becker (2012), s. 15). Om Marcel Proust (1871-1922) hedder det derimod: *"Proust elskede dem* (altså museerne; *pf) næsten af samme grund"* (ibid.). Becker uddyber ikke Prousts holdning, men man kan forsigtigt gætte på, at det, som tiltalte Proust, var, at netop værkernes 'fraværende liv' så at sige gjorde dem mere umiddelbart forsonligt stemt over for hinanden og tillige betød, at de trådte beskueren fuldkommen roligt, stille og venligsindet i møde. For Proust er det altså sikkert, hvad han kunne opfatte som museernes iboende betoning af det, som værkerne indbyrdes på den ene side samt værker og publikum på den anden umiddelbart har *fælles*, hvilket man muligvis kunne kalde en længsel efter fred, der giver dem deres berettigelse. Denne længsel, må det bemærkes, er dog dybest set næppe heller fraværende i de, om man så må sige, 'levende' kunstværker.

xvii (Billed)kunsten er vel at mærke udogmatisk i sig selv; dens iboende 'pædagogiske metode' er nærmest at sammenligne med Sokrates' maieutik (jordemoderkunst): Beskueren er henvist til grundlæggende *selv*, men (hvis man tillader den antropomorfistiske sprogbrug) under værkets vejledning, at finde frem til sin egen, kritiske erkendelse – det på trods af, at værket altid så at sige har en stærk overbevisning om, at det har ret...

xviii Adorno siger et sted, at det ene kunstværk er det andet kunstværks dødsfjende. Det er naturligvis en overdrivelse, men siger dog noget om, at hvert enkelt kunstværk insisterer på sin helt egen virkelighed, sin særegne væren som sand og ikke tillader nogen reduktion af sin særegenhed til det, som det måtte have fælles med andre kunstværker. Man kan også tale om kunstens 'nominalisme', altså det, at det enkelte kunstværk kun lyder sit eget navn og i grunden ikke noget almenbegreb, altså at det ikke i nogen forstand eller retning kan gøres lig med noget andet kunstværk.

xix At tale om repræsentativitet i forbindelse med kunstværker, som det angiveligt er gængs og centralt på museer (jf. Vibeke Petersen i Dam Christensen (2004), side 69), er som følge af disses enestående fænomen- og væsenskarakter heller ikke uden problemer; et kunstværk kan dårligt i streng forstand repræsentere andet end sig selv. Ikke desto mindre kan fx en kunstners værker fra en vis periode af hans aktive kunstnerliv have et vist fællespræg, der kan gøre det rimeligt til en vis grad at tale om repræsentativitet. Men begrebet synes, i hvert fald i museumssammenhæng, grundlæggende at have noget pragmatisk og operativt ved sig; når et museum således nu ikke eller sjældent kan erhverve fx alle en kunstners værker, må man søge at få det eller dem, som man kan kalde de(t) mest repræsentative.

xx Den ikke helt ualmindelige opfattelse, at der ikke er noget at lære af historien, fordi historiske begivenheder er enkeltstående og ikke lader sig gentage, holder næppe meget vand. Dels er der altid mere almene træk i de enkeltstående begivenheder, træk, som endog i visse tilfælde og eventuelt i visse historiske perioder i høj grad kan dominere i forhold til det enkeltstående; således er tesen, at 'krig er en politikkens forlængelse med andre midler' en temmelig almen tese for politik, som man utvivlsomt bør lære af for netop at undgå krigen. Dertil kommer, at hvis det var sådan, at man ikke kunne lære andet af historiske studier end det, at historien væsentligt er forandring og foranderlighed, så var det vel også en indsigt, der var værd at tage med.

xxi Hvad et kunstmuseum skal gøre af et kunstværk, som det måtte have vurderet som forældet eller dårligt – og for så vidt som det overhovedet har anskaffet sig det –, ligger det uden for dette skrifts område at tage stilling til. Men en mulighed er måske, at det kunne placeres et centralt sted, på visse punkter svarende til Det Kgl. Biblioteks bogsamling, der bl.a. i princippet omfatter al litteratur udgivet i Danmark. Et sådant pinakotek kunne bl.a. opbevare al kunst, som ikke (længere) findes museumsrelevant af de enkelte museer.

xxii For at give et lidt mere håndgribeligt eksempel på et ontologisk substrat, et 'væsen', der er foranderligt, og hvis tilstand ligeledes ændrer sig historisk, så har *materien* sådanne væsensegenskaber. De materielle ting og menneskene ændrer sig igennem historien og kan have det dårligere eller bedre på den ene og den anden måde.

xxiii I henhold til Bruno Ingemann og Ane Hejlskov Larsens *Introduktion* til samme (2005) opregner den engelske kunsthistorieprofessor Peter Vergo i bogen *The New Museology* fra 1989 først – som en, angiveligt efter Vergo selv, 'simpel definition' – følgende overordnede temaer i museologien, i studiet af museer: *"(..) deres historie og underliggende filosofi, de forskellige måder som de er blevet etableret og udviklet på, deres erklærede og uudtalte formål og politik samt deres uddannelsesmæssige eller politiske rolle. Men i anden omgang inddrager han også tilskuere – besøgende, forskere, kunstelskere, børn – og andre områder som lovmæssige opgaver og etik i sin forståelse af museologien"* – hvilken han, og uden tvivl med rette, i øvrigt skulle mene *"burde være et undersøgelsesfelt med interesse for næsten alle"* (s. 9) og ikke kun for professionelle museumsfolk.

xxiv Vibeke Petersen refererer i sin artikel *Kunstmuseet og kunsthistorien* James Cuno for den opfattelse, at formålet med et kunstmuseum i dag er at få værkerne til at *"provokere en diskurs"* (i Dam Christensen (2004), s. 72). Denne forfatter sidder ikke med den engelske udgave af Cunos bog, men måske skulle oversættelsen retteligere lyde: "fremkalde en samtale"? Hvorom alting er: Denne samtale/diskurs kan næppe tænkes væk fra det, der tales om, nemlig kunstværket, som samtalen/diskursen vel har som formål at bibringe de samtalende oplysning om.

xxv Det var den amerikanske videnskabshistoriker Thomas S. Kuhn (1922-96), som først lancerede teorien om paradigmer i sin bog *The Structure of Scientific Revolutions* (1962 – oversat til dansk med titlen *Videnskabens revolutioner*) .

[xxvi] Ifølge Peter Vergo (refereret i Ingemann (2005), s. 9) har der tilsyneladende hidtil i museologien været fokuseret for meget på *metode*, på *hvordan* man udfører musealt arbejde, frem for på *formålet* med museer, på fx *hvorfor* man har museer. Det kunne, hvis Vergo har ret, bl.a. tolkes sådan, at formidlingen i sådanne tilfælde, som Vergo altså forholder sig kritisk til, har løsrevet sig mere eller mindre fra den kunstvidenskabelige forskning og den humanistiske forskning i det hele taget.

[xxvii] Den skelnen mellem på den ene side videnskabens idé som *forskning* og på den anden kunstens og filosofiens som *tydning*, der er gennemgående i nærværende essay, har hentet inspiration hos Adorno; cf. forelæsningen *Die Aktualität der Philosophie* i: Adorno (1973), s. 334.

[xxviii] Kunstværket er naturligvis en enhed og må primært behandles som en sådan. Men *analytisk og altså formidlingsmæssigt-heuristisk* turde det være ganske legitimt at operere med billed-'lag'.

[xxix] I *Kulturministeriets Udredning om museernes formidling* (Kulturministeriet 2006) finder vi *The International Council of Museums (ICOM)* museumsdefinition, som lyder: *"A museum is a non-profit-making, permanent institution in the service of society and of its development, and open to the public, which acquires, conserves, researches, communicates and exhibits, for purposes of study, education and enjoyment, material evidence of people and their environment" ("Et museum er en non profit-, permanent institution i samfundets og samfundsudviklingens tjeneste, som er åben for offentligheden, og som anskaffer, bevarer, forsker, kommunikerer og udstiller materielle spor efter og tegn på mennesker og deres omgivelser med henblik på studier, uddannelse og fornøjelse"*. Denne definition opererer ikke med begrebet oplevelse, men med begrebet enjoyment – fornøjelse, glæde –, som på den ene side måske er mere værdiladet end begrebet oplevelse, der som oftest bruges i dansk sammenhæng, men som på den anden side måske mere præcist rammer det, som også er meningen med det danske ord, når det bruges om en af de mere centrale dele af indholdet af museumsbesøget. Kunsten skal da også gerne sprede glæde igennem sin form og sin indsigt; men det er grundlæggende det formidlede eller udstillede kunstværk selv, som kan og bør sætte grænserne ikke alene for den oplevelse, men også for den fornøjelse, det kan afkaste. Heri er dog næppe hverken det ministerielle udvalg eller det internationale museumsråd uenige.

[xxx] Hegel så kunsten som første trin på den højeste erkendelses niveau – dvs. erkendelsen af, hvad han kaldte *Den absolutte Ånd* –; i kunsten *anskuedes* denne, i religionen, denne erkendelses næste trin,

åbenbaredes Den absolutte Ånd, og i filosofien, erkendelsens – og verdenshistoriens! – absolutte højdepunkt, blev denne *begrebet*. Trods sin meget spekulative karakter, og trods min uenighed i den nysanførte hierarkisering af erkendelsesformerne samt i filosofiens (og kunstens) forrang for den profane, sanselige verden, har Hegels tænkning været en betydelig inspirationskilde også for denne forfatter. Meget kort fortalt kan kilden til den just nævnte uenighed med Hegel ang. erkendelsesformernes hierarki findes i hans sluttelige betoning af det abstrakte (begrebet) i forhold til den konkrete, æstetiske erkendelse, som kunsten fremstiller. Kunsten og filosofien må langt snarere anses for komplementære, sideordnede erkendelsesformer, hvor også filosofien har det særegne som rettesnor.

[xxxi]Det er uvist, om et, åbenbart i hvert fald delvis af økonomisk konkurrence motiveret, centralt forskningspolitisk ønske i retning af et alment forskningsbegreb, sådan som det synes at komme til udtryk i den følgende passus fra *Forskningsstrategi for Kulturministeriets område* (*Kulturministeriet* (2009), s. 37), og som det vel faktisk er operativt i dag i forhold til bl.a. kunstmuseerne, vil tendere hen imod øget konformitetspres i forhold til museerne og deraf følgende mangel på originalitet i museernes forskning, rigtigt nok stik imod hensigten i strategien: *"Det er efter arbejdsgruppens opfattelse afgørende, at institutionerne i deres strategiske planlægning af forskningsindsatsen orienterer sig mod et alment forskningsbegreb – frem for fag- og/eller institutionsspecifikke forskningsbegreber – for at kunne indgå i konkurrencen om de centrale forskningspuljer på lige fod med andre forskningsmiljøer"*.

[xxxii] Jf. Esbjerg Kunstmuseum (2010) i litteraturlisten. (Side)tallene i parentes henviser til dette dokument.

[xxxiii]På museets hjemmeside (www.eskum.dk) betones, hvad angår museets forskning, især forskningen i formidling og publikumsoplevelser: *"Forskningsprogrammet i publikums oplevelser og i museets formidlingsarbejde er et omfattende forskningsfelt, som danner selve fundamentet for museets virksomhed og er fuldstændig integreret i museets formidlingsmæssige arbejde. Således kan resultaterne af hvert enkelt forskningsprojekt efterfølgende blive direkte omsat i udstillinger eller nye formidlingstiltag. Og omvendt, kan nye formidlingstiltag blive genstand for forskningsbaserede undersøgelser."* (Læst og citeret her 20. november 2013).

[xxxiv]I *Forskningsstrategi for Kulturministeriets område* (*Kulturministeriet* (2009), s. 44) hedder det: *"Videnskab og kunst betragtes historisk som to forskellige veje til ny viden og erkendelse. Udskillelse af kunsten og*

æstetikkens områder som selvstændige erkendelsesformer i oplysningstiden har således betydet, at videnskab herefter opfattes som universel, objektiv og generel, mens kunst (og praksis i øvrigt) som en modsætning hertil opfattes som lokal, subjektiv og idiomatisk (enkeltstående). Denne dikotomiserede opfattelse er aktuelt til debat, men er ikke desto mindre stadig afgørende for, hvad der kan anerkendes som videnskab, og hvad der kan anerkendes som kunst og dermed opnå finansiering som sådan". Denne opfattelse af hhv. videnskab og kunst, hvor historisk korrekt den muligvis måtte være – dette kan dog uden tvivl diskuteres –, vil ikke deles af fremstillingen i nærværende essay; kunsten er ikke kun lokal, subjektiv og idiomatisk, men indeholder tillige i høj grad momenter af universalitet, objektivitet og almenhed. Dette gør imidlertid ikke kunst til videnskab; videnskab er forskning, kunst er helt selvstændig tydning af (bl.a.) forskningens resultater i sit eget sanselige medium, inden for hvilket forskningen ikke er bestemmende.

[xxxv] Når 'tese' og 'argument' her sættes i anførelsestegn, skyldes det, at billedet ikke i streng forstand argumenterer eller fremsætter teser, idet det ikke har sproglig og begrebslig form. (Konceptkunstens status i denne forbindelse vil ikke blive diskuteret her, blot skal den påstand fremføres, at den i princippet næppe adskiller sig fra anden billedkunst).